大国企

共和国『长子们』的风雨六十年

韦三水◎著

中国友谊出版公司

目 录

中篇
穿越历史迷雾

推荐序

以史为鉴，再探国企改革之路

韦三水长期关注国企发展，以前的几部著作受到了广泛关注，现在又为读者奉献一部新作《大国企》，为读者讲述了几个大型国企发展和改革的故事。这些故事不是无的放矢，而是饱含对当下国企改革的关怀。三水的文笔老道而不失明快，对人物和事件的把握非常娴熟。读者在他的引领下，时而进入某个企业激动人心的改革故事，时而穿越时空，回到它的起点，探寻它和共和国一起成长的经历。三水没有给读者强加他的观点，而是让读者自己从他讲述的故事中获得灵感和启发。

当下，国企改革进入一个新的阶段，混合所有制是下一步的改革方向，但具体如何改，尚无定论。三水通过对几个大型国企的深入考察，既展现了国企的活力和创新能力，也指出了国企的一些致命弱点，可以为下一步改革提供参考。

经过20世纪90年代急风暴雨式的改革，国企的数量锐减，目前剩下的国企都是一些相对赢利能力较强的大型企业，它们在国民经济中仍然扮演着举足轻重的角色，许多跻身于世界500强之列。社会上一种观点认为，中国缺少世界知名的民营企业，说明中国的经济不具有竞争力。这种观点忽视了一个现实，即中国的民营企业只有短短20多年的发展历史，没有多少世界知名企业因此不足为奇。相比之下，国企的历史要长得多，因而也更可能成为世界级的大型企业。从这个角度来看，李荣融希望从国企中培育中国的世界级企业的想法是比较理性和现实的。

但是，大型国企的存在，的确造成了很多问题，最为严重的是，国家在资金和市场等方面给予国企大量的补贴，从而扭曲了竞争环境，让民营企业处于绝对的劣势地位。有人可能会认为，让国企获得优势地位，是集中力量办大事，可以尽快让中国产生世界级的大企业。如果国企把国家的补贴用得恰到好处，也许这个目的可以达到；但是，我们也不能忽视另外一种可能，就是补贴反倒会让国企松懈下来，不思进取。两种可能权衡下来，国家对国企采取中立的态度可能是最恰当的。还有人会认为，保留国企，可以帮助政府实现战略目标。然而，这是一个似是而非的观点。美国只有少数国企，但美国政府照样可以实现战略目标。美国的军事实力无人能敌，但美国的军事工业基本上是由私人企业组成的，美国政府主要是通过计划、采购和资金投放来实现战略目标的。

下一步国企改革的方向是产权多元化，但是，社会上的民间资本对此还存在很多疑虑，不敢贸然参与。究其原因，是因为国企的体量巨大，民间资本参股，就只能做配角，时刻要担心被国有股份欺负。国企产权多元化的出路是资本社会化，即通过上市等直接金融手段减持国有股份，实现国有企业的社会所有。到目前为止，多数国有企业已经完成了现代企业制度改造，建立了董事会制度，许多也已经部分上市，这为国有企业下一步的资本社会化改革奠定了基础。

《大国企》为读者深入浅出地讲述了几个大型国有企业发展和改革的故事。从这些故事中，我们可以看到，许多大型国企之所以能够发展到今天，和它们的领导人的远见卓识以及果敢的决断力是分不开的。国企改革的目标不仅仅是创造充分竞争的市场环境，而且还要为国企提供灵活的人才机制，把有能力的人选拔到领导岗位上来。在这方面，《大国企》为读者提供了鲜活的案例。

姚洋

北京大学国家发展研究院院长、中国经济研究中心主任

2014 年 7 月 24 日

自序

中国这10年

（一）

10多年前的2003年，大事频仍。以胡锦涛、温家宝为代表的新一届国家领导人上任；不久，“非典”阴云笼罩中国，部分高官因瞒报被免；我们的第一位航天英雄杨利伟驾驶着神舟五号飞向了太空，树立了中国载人航空史的里程碑；此外，香港明星张国荣跳楼身亡、台湾地区通过“公投法”等事件也使各界舆论沸沸扬扬。

这一年的3月10日，当时看来只是平常的一天，所发生的事情也仅是一直在进行的机构改革，但其对中国经济发展的影响却直至今日。

当天的第十届全国人大一次会议的第三次全体会议上，国务院机构改革方案中出现了一批新的机构名称，包括：国资委（国务院国有资产监督管理委员会）、发改委（国家发展和改革委员会）、商务部、银监会（中国银行业监督管理委员会），等等。这些昔日还较为陌生的名字，在几年后人们已耳熟能详。

4 月 5 日，国资委主要职责经国务院审议通过，主任李荣融和 6 名副主任(李毅中、王瑞祥、吴晓华、黄淑和、王勇、邵宁）正式被任命。

第二天，国资委在原国家经济贸易委员会（这个部门已不再保留）的北门——北京市宣武门西大街 26 号，低调挂出了牌子，这一消息甚至连新华社都不知道。

新设立的国有资产监督管理委员会将由国务院授权代表国家履行出资人职责，监管国有资产，确保国有资产保值增值，进一步搞好国有企业。此举解决了国有资产多头管理和出资人不到位等体制障碍，被称为“深化行政管理体制改革和转变政府职能、实现政资分开的重大举措”。

挂牌之后，国资委首先开始了“摸底调查”——为了摸清自己到底管理多少“家底”及“家底”质量如何，启动了为期一年的央企清产核资。

紧接着，国资转让审批权划归国资委，李荣融表示：力争用较短的时间将国有产权交易都纳入市场交易，国资委要把好审批、资产定价和进场交易三个关口。

上述措施为国有资产的交易打开了通道，外界纷纷猜测，李荣融将会对国有企业展开大刀阔斧的改革，整合效益低下的企业。

不过，当年的 7 月，李荣融却在与韩国总统政策首席秘书权五奎会谈时表态：国有企业无论怎么改，国有经济在国民经济中的主导作用是不会改的，196 家央企绝不会私有化。到 2002 年年底，国有及国有控股企业上缴税收占工业企业上缴税收的三分之二；196 家中央企业实现的利润占全国 15.9 万家国有企业利润的 64%。在今后的改革中，尽管国企数量会减少，但大的企业会变得更大更强。

之后的 10 年，国资委对央企开展了管理、产业布局、产权多元化等几方面的改革。

而国资委主导的央企改革也从未脱离这一主线：数量少而影响力却不断增强。或许这只是国资委的数字游戏（数量上告诉我们央企越来越少，符合1998年国企改革理念），最终还是要真正藏富于央企，因此，现在国企受到的批评比10年前有过之而无不及。国企成了一个个巨无霸，膨胀得广受非议。

回到2003年，一个绕不开的主题是MBO（Management Buy-Outs，即管理层收购），这年被定为“MBO年”。伴随着这个名词的是，MBO在中国饱受致使国有资产流失之质疑，于是国资委在年底出台了《关于规范国有企业改制工作的意见》，意见的主要内容涉及企业改制的10个主要环节和方面。其中强调对管理层收购的规范，严禁自卖自买国有产权。随着争论的升级，大型企业MBO于一年后被国资委叫停。

或许年底TCL集团与法国汤姆逊集团合资的消息刺激了李荣融，坚定了他做大央企的意念。

于是李荣融对央企高管们“下令”：“必须在两年时间内，使中央企业成为各行业的排头兵。达不到的趁早找对象，否则肯定要调整——不是你调就是我调！”

（二）

2004年4月，民营的江苏铁本钢铁有限公司违规建设钢铁项目遭到查处，民营企业家们为此惋惜。财经作家吴晓波将之总结为“法罪错位”的典型。

这一年也是国资委开始玩“数字游戏”的第一年，该年，国资委发布的《企业国有产权转让管理暂行办法》同2003年的《关于规范国有企业改制工作的意见》一起成为国企改制的准绳。2004 年年末，中央企业由 196 家减少到 178 家。

“数字游戏”的另一面则是“强大法则”，国资委年度业绩考核启动。3 月中旬，国资委与 150 家中央企业负责人签订了 2004 年度经营业绩责任书。加上首批签订责任书的 20 家企业，已经有 170 家企业一把手在责任书上签了字。

此外，李荣融还说：今后国有企业主要经营管理者的选聘工作将逐步通过公开招聘的形式展开，让国有企业参与到人才的国际竞争中去。言外之意，国有企业的铁饭碗将不再那么铁了，高管们也不例外。

这一年，中国航油（新加坡）股份有限公司忘记了自己保障者的定位，在期货市场上扮起了投机者的角色，并导致了公司巨亏 5.5 亿美元。对此国内外舆论一片哗然。一把手陈久霖“收获”了 4 年的牢狱生涯，并成了第一个触犯国外法律而被判刑的中国在国外挂牌上市公司的总裁。这一事件给国企领导人上了根弦——必须把国企的生意当成自己的生意来做，否则是要负责任的。

此外，这一年国资委选择宝钢集团等 7 家国有独资的中央企业进行董事会试点工作。

一个续曲是，国资委党委书记李毅中在中央企业负责人会议上明确表态，“大型企业不能搞管理层收购”，侧面承认了 MBO 质疑浪潮中郎咸平的指控。而中国“乳业教父”、伊利“掌门人”郑俊怀在这一年年底因被控动用公司资金进行 MBO 落马，次年被判获刑 6 年。

而 2005 年顾雏军的被捕则为“郎顾之争”画下了句号。2005 年的 4 月，《企业国有产权向管理层转让暂行规定》出台，规定中小国有企业可以探索，大型国有企业不得转让，金融类企业国有产权转让和上市公司国有股权转让，按国家有关规定执行。这一规定发布后，轰轰烈烈的 MBO 之争告一段落。

可能正是这场争论使得李荣融更加谨小慎微，尽量不触及国企私有化的红线。

（三）

时间到了2005年，中央企业的数量又减少了9家，还剩169家。不过原则是没有变的，尽管很多企业的名字从央企名单上消失了，但是没有一家是落入“民间”的，“肥水不流外人田”用在此处可能最为恰当，这些被划去的央企都归入了另一些央企的怀抱，在一部分央企消失的同时保证了另一些央企的迅速强大。

国企方面，三九企业集团赵新先被拘无疑是当年的大事，这位“中国中药现代化之父”的名字甚至被收录进了英国剑桥名人传记中心的《世界名人录》，这次事件使得国企负责人权力高度集中的问题更加受到重视。后来谈到赵新先的落马，李荣融感触良多：“这是最好的一个例子，证明法人治理结构不健全所造成的毛病。自己决策、自己执行、无人监督，没谁能制约他。”

而联想并购IBM PC（个人计算机）事业部则成了非国企领域里的最受重视事件。

产权改革方面，按照李荣融2003年对央企的设想，建设银行挂牌上市，美洲银行投资25亿美元购买建行部分股份，这是外国公司对中国公司的最大单笔投资。同时国务院运用外汇储备为工商银行补足150亿美元资本金，批准其实施股份制改革方案，为将来上市做准备。

央企管理方面，在2004年开始对中央企业负责人进行“年度业绩考核”之后，国资委在2005年又对中央企业负责人开始了“任期经营业绩考核”。而本年度的高管招聘也不同以往，25家中央企业同时面向全球公开招聘高管——这是自2003年以来的第三次公开招聘：这一次，中央企业“一把手”的公开选拔首次打破“行政任命”，标志着央企人事制度改革实现“历史性突破”；另外，首次招聘正职，并放宽对国籍的要求，15个岗位不限国籍。这个颇具符号性的举措，意在告诉外界央企高管的聘任走向了国际化。

与此同时，国资委完善了国有上市公司相关制度，发布了《关于上市公司股权分置改革中国有股股权管理有关问题的通知》。

此外，宝钢集团董事会正式亮相，其中董事会成员半数以上为外部董事，且全部到位。国资委主任李荣融亲自向宝钢集团5位外部董事颁发聘书，至此，我国中央企业第一家规范的国有独资公司董事会开始正式运作。李荣融作出了如此评价:“这是国资委成立以来最大的新闻，意义非同一般。以前国有企业改革多数是方法上的改进，这次是从体制、制度上的改革。”之后,《中华人民共和国公司法》（2005年修订）颁布，国务院提出了2005年深化经济体制改革的意见，明确要求要以建立健全国有大型企业董事会为重点，抓紧健全法人治理结构、独立董事和派出监事会制度。

这样的改革当然是好的，但如果让宝钢集团的此次改革成为我国之前多年国企改革的顶点，未免可惜，接下来的几年内国企改革并未再次出现突破性进展。

2005年10月10日，第三批35家中央企业主业公布，至此，已有近六成央企主业明确。此举意在严格控制非主业投资，培育行业排头兵。早在2004年11月，第一批49家央企主业公告社会的时候，国资委主任李荣融就并明确表示，公布中央企业主业是“为正确引导中央企业投资方向，严格控制非主业投资，集中有限资源投入到关系国家安全和国民经济命脉的重要行业和关键领域，提高企业核心竞争力，培育和发展大公司大企业集团”。但是这一点有没有真正做到则是疑问。纵观央企公布的主业我们发现，与其称其为央企的主业，不如称之为央企的业务：每一央企涉及的业务仍然很多，难以发现“主”的味道。况且，如果没有相关的制约措施，这样的举措所能起到的作用也仅有告知，而无监督了。

（四）

撇开泛泛的公示主业，转过一年，到2006年的时候，各中央企业在对投资活动的管理上呈现较大差异，客观上需要国资委加强监管。中央企业行业分布过宽，部分企业主业过多、主业方向不明，资源配置不合理。另外，企业规模大小、管理水平也差别较大，情况各不相同。大部分中央企业内部规章制度较健全，建立了企业内部投资管理制度和相应的投资决策程序，但仍有部分企业在这方面存在较大差距，据统计，2004年中央企业投资总额约一万亿元，其中非主业的投资约占5%。大部分企业的投资行为较为规范，投资的重点基本集中在企业主业上，但少部分企业非主业投资比重偏大，存在盲目多元化投资问题，投资管理上漏洞和隐患较多，亟待加强监管。因此，国资委发布了《中央企业投资监督管理暂行办法》。

正如前文所说，央企主业分布过多、过大，如何进一步令央企业务聚焦仍是摆在国资委面前的难题。

经过了前几年国有企业内部治理的不断努力，国有企业的管理水平有了很大改观。这一年，国资委在重视央企管理的同时继续缩减央企数量，也就是进行央企的兼并重组，又有10家央企的名字从国资委的名单上消失，只剩159家。

（五）

这个时候，央企“红利”问题一直受到各界瞩目。2007年，这一焦点问题的改革终于有了眉目，国务院确定了中央企业按照企业合并报表净利润8%的综合比例上缴国有资本收益，央企开始上缴“红利”。虽然比例并不如预期高，但也算是一大进步。

与此同时，国资委圈定了30家整体上市的央企名单。但其中真正实施“整体上市”的屈指可数。

近些年的改革仿佛只有两条线，第一条便是央企数量的减少，按照李荣融的预期，在2010年左右，央企要减少至80～100家；另一条是围绕产权、产业、公司治理等方面内容紧抓央企管理。

然而，2007年的“两会”上，《中央企业“十一五”发展规划纲要（指引）》中，国资委对央企产业进行分类，使其从21个板块，缩减为18个板块。3个板块的减少并不令人满意。各央企在所在行业的影响力都很大，缩减板块的难度自然很大。但是不知退出竞争性行业，把握关乎国民经济命脉和国家安全行业的国企改革主旨还有多少人记得。央企越来越好了，然而，央企走的路却越来越模糊了。

（六）

在国资委成立的第6个年头，央企只剩下了142家，54家已经消失了。李荣融表示，按照国务院的总体要求，2009年将沿产业链和价值链方向，继续加快推进中央企业联合重组和资源整合，到2010年中央企业减少到80～100家，努力培育30～50家具有国际竞争力的大公司大企业集团。

而随着央企改革的继续，央企受到的批评却越来越多。于是2008年，国资委发布《关于中央企业履行社会责任的指导意见》，开始督促中央企业不断建立健全企业社会责任管理体系，在履行社会责任方面做出表率，以改善自身的社会形象。当年有75家中央企业发布了社会责任报告或可持续发展报告。然而央企的社会责任范畴可能比一般企业大许多，而不仅限于普通概念的社会责任。基于此，央企的社会责任报告所受的褒贬也不一。

这一年的另一件事是《中华人民共和国企业国有资产法》的通过，该法律设置的目的是维护国家基本经济制度，巩固和发展国有经济，加强对国有资产的保护，发挥国有经济在国民经济中的主导作用，促进社会主义市场经济发展。

《中华人民共和国企业国有资产法》的通过，我们不知道对于国企改革是好事还是坏事，会不会成为国企减缓改革所利用的一个借口？这也使原本曲折的国企改革之路更加迷雾重重。

2009年，人们似乎对这些名目上的分拆组合已经麻木，在很多人看来，培育一个个的“巨无霸”似乎对更多的人没有好处。

（七）

白云苍狗。一眨眼，大限已到。在2010年年初，就有各方纷纷预测本年将是国有企业兼并重组最为激烈的一年。因为李荣融的中央企业数量减少至80～

100 家的最终期限已只剩最后一年。不过，计划没有变化快，就在这一年，李荣融请辞，这个当了 7 年央企“老板”的老人将指挥棒交给了他的老下属——原国家质量监督检验检疫总局局长王勇。

作为国资委首任主任，李荣融在任 7 年 5 个月，作为的确可圈可点。李荣融刚上任时，央企数量是 196 家，他卸任时，央企减到 123 家；李荣融接手时央企总利润为 2400 亿元，至他 2010 年 8 月离开时，央企实现利润超过 1 万亿元；国资委直接监管的央企由 7 家世界 500 强，增长至 38 家。

客观来说，中国国企改革可谓波澜壮阔。从 2003 年国资委成立，李荣融掌舵国资委 7 年之久所带来的图景是“国进民退”、“民进国退”，还是“有进有退”，或许难以盖棺论定，但是有一点，国资委和其“当家人”李荣融无疑在中国国有企业改革的历史中占据显著地位，褒贬当由后人评说。

同时，李荣融自己也毫不客气地否认“国进民退”等观点。他在接受《21 世纪经济报道》记者邓瑶采访时就直言不讳地表示，“国进民退”是一个伪命题，央企背了垄断的黑锅。面对批评，李荣融说，“我不怕批评，因为我的内心很坦荡，改革的信念从未动摇”。

“不存在我们挤了谁，谁挤了我们。我不客气地讲，没有国有经济哪有非公经济今天的发展？国家给了非公企业不少优惠政策，优惠政策的背后就是钱，没有国有企业年年增长交的税，国家哪有钱给出来？但非公企业发展了，对整个国家是很大的贡献。”李荣融说，“优胜劣汰社会才会进步，所以我对‘国进民退’这种观点不屑一顾。”

不过，业界、媒体界和社会对国企改革的批评声不绝于耳。已经有媒体开始表态:“除了重组步伐放慢外，好像没感觉到什么大变化。”“国企改革到今天，没看到任何新的出路、新的理念，事实上进入了困惑期、停滞期。”也有专家强硬地批评说，实际上，现在的国企改革不仅没有呈现新的出路和理念，也与老的改革思路渐行渐远，逐渐偏离，现在的这条路是“畸形”的、“变异”的。

正如记者邓瑶所评述的那样，历史为改革者设定的命运都相似：在受到一部分人热情赞扬和全力支持的同时，也会遭到另一部分人的质疑。李荣融为央企设计的一系列加减法，未能远离“垄断”、“国进民退”、“大而不强”的批评。

而这种批评，一直持续至今。

（八）

第二任“老板”王勇上任一周后，中组部、国资委即对外宣布，2010年中央企业将公开招聘20位高管，为历年来规模最大的一次。显然，王勇并不想摒弃这一少数为外界所称道的举措。况且王勇以人事改革见长。

在该年年底之时，王勇在中央企业负责人会议上首次正式在媒体面前亮相，谈论全面推进央企结构布局调整的思路，包括推进央企重组和整体上市，提出“一大目标”是做强做优中央企业、培育具有国际竞争力的世界一流企业。其重点已然放在了“做强做优”之上。李荣融的7年改革虽也以此为主线，但却没有如此表述。这说明，当初国企改革的“有所为有所不为”的理念已经改变。但与此同时，“国进民退”、“与民争利”之声音愈发强烈了。

“央企重组首先要保证重组的质量和效果，而不是为了减少户数硬推重组。”继国资委副主任邵宁2010年9月首次提出央企重组“质量论”后，王勇也在央企负责人会议上表示：“数量不是决定因素，更重要的是企业的质量。我们要起到中央企业应该起到的引领作用、主导作用，然后进一步去和地方国有企业、民营企业、外资企业加强整合、合作。”

同一年，借助经济危机之机遇，以央企为首的中国企业加快了“走出去”的步伐，对海外项目更加重视。但中国铁建在沙特轻轨项目中损失的13.85亿元和其他中国公司因利比亚动荡而导致的损失，不仅吸引了大众的目光，也使国资委察觉应当对此有所约束。为此，2010年6月27日，国资委连续公布《中央企业境外国有资产监督管理暂行办法》和《中央企业境外国有产权管理暂行办法》，对央企海外投资加强监管。同时王勇还表示，“十二五”期间，中央企业要加快“走出去”，但也要“量力而行”，央企必须加强对风险的控制，防止盲目对外投资、搞“洋跃进”。

值得一提的是，这一年，迫于外界压力和声讨，国资委令78家央企退出房地产市场，然而，截至2012年年底，有业内人士称仍有六成央企没有完成退出，有些企业虽然已经出让了部分房地产业务，但仍保留了一些优质项目。缺乏具体的操作规范和时间推进表以及相应的惩戒措施，注定了这项措施的执行力度不会如预期般有力。如果每一次的布局改革都要用这么大的力气，我们的国企改革之路恐怕仍要走很久。

（九）

在2011年这一年，央企改革与往年已经有一点不同，由于改革主旨转向“做强做优”，“数字游戏”已经没有太大意义了。央企的兼并重组仅为正常变动水平。

重点已经转到央企的公司治理和产权多元化等方面。

王勇在这一年的1月7日全国国有资产监督管理工作会议上表示，今年国资系统对国企要加快公司制股份制改革步伐，推进股权多元化，大力鼓励民间资本采用市场方式参与国企改革重组。

同时，中央企业“十二五”规划纲要提出，围绕“做强做优、世界一流”的核心目标，大力实施“一五三”战略。深化国有企业改革，促进国有资本向关系国家安全和国民经济命脉的重要行业和关键领域集中。推动具备条件的国有大型企业实现整体上市，不具备整体上市条件的国有大型企业要加快股权多元化改革。

在这样的背景下，王勇发出了这样的声音：2011年国资委将鼓励央企不留存续资产的整体上市。

各地通过推动企业整体上市、引进战略投资者等多种方式，加快公司制股份制改革步伐。有6家中央企业控股公司在境内外资本市场首次公开发行股票并上市，3家完成整体改制。

另一方面，这一年共有42家中央企业成为董事会试点企业。董事会的建设和独立董事制度的推进，实现了决策权与执行权分权制衡。不过这一数量及整体比例实在不能服众。

（十）

“提升管理和苦练内功的时候到了！”王勇说这句话的时候，正是2012年。

国资委内部一位不愿意透露姓名的专家告诉媒体记者，近10年来国企内部的改革一直在进行，而真正敏感的体制改革却鲜有动作。“此次管理层面的完善，改变的也只是国企机制方面的问题。”

“目前的国企改革就像一场篮球赛，进入到中场休息阶段，观众还等着看下半场呢，裁判和运动员却都不想干了。”安邦咨询董事长陈功形象地比喻。

“真正董事会的改革，还是要以股权多元化的公司制改造为基础，这样才能解决可持续性和可普遍推广的问题，这个未来可以成为一种趋势和模式。”中国社会科学院的国企问题研究专家张文魁说，“改革是在捅马蜂窝，但是为了企业的可持续发展，必须改革，过一天算一天是不负责任的态度。”

一时间，各界人士纷纷毫无顾忌地发声。

而纵观近10年的国企改革，央企变得越来越强大，实际而言，10年改革的主线便是“做强做大”，我们仍旧不敢将其定论为做优。因为目前国企在很多行业仍处于垄断或绝对领导的地位，没有比较也就难以断定是否优秀。

2013年3月末，国资委网站上的领导名录发生了变化，几乎半辈子都在和石油打交道的中石油负责人蒋洁敏接替王勇，成为国资委的第三任“掌门人”。但不到半年，蒋洁敏就被免掉国资委主任职务——2013年9月1日，蒋洁敏涉嫌严重违纪，接受组织调查。2013年9月3日，蒋洁敏涉嫌严重违纪，中央已经决定免去其领导职务。接替蒋洁敏的，则是原国资委副主任、党委书记张毅。

10年前，国企改革以“退出竞争性行业，在非竞争性行业也要逐步打破垄断”为指导，但今天，从行业布局来看，国有经济覆盖面依然很广：在国民经济95个大类中，国有经济涉及94个行业；其中在394个国民经济行业类中，国有经济涉足380个，覆盖率高达96%。国资委到底在10年的国企改革中扮演了什么的角色？国企改革这出大戏的剧本已经截然不同于15年前。无论是国资委还是所谓的改革专家，仍然在和民众玩那些“数字游戏”，国民资本比例、数量比例等，对国企在行业内的影响力、国企所占有的社会资源和贡献度等问题避而不谈。殊不知，这些问题才是根源所在，迟早都要面对，现在不去面对，将来面对之时所受的伤害可能更大。

引 子

王安曾在自己的著作《25年》里这样写道：

1993年是中国一个史无前例的年份：美元涨，黄金销，房地产热，股市上下翻腾，集资债券遍地开花，开发区雨后春笋，唯有国库券喊冷白条子（欠农民粮款）、绿条子（欠邮政汇款）满天飞——所有这一切，都是“老革命”遇到的“新问题”。所以，当年中刹车时，中国高层是下了大决心的，对刹车的结果不能说是胸有成竹的。但还是刹了。到11月初，沿海7省1区已关闭700个开而不发的开发区。……3月召开的全国人大、政协两会上，商味也挺浓。工商界人士荣毅仁当选了国家副主席，另有20多位私营企业老板首次成为全国政协委员。作为这些大亨的背景，非国有的乡镇企业一举占据中国工业的半壁河山——据悉，1993年乡镇企业的工业产值突破了2万亿元，占中国工业的二分之一，乡企职工数已经达到1.02亿人，超过国企。从发展速度上看，乡镇企业这些野孩子跑得更快：1992 年国企增加值增长 14.4%，而乡企则达到 52%。社会主义的中国，国企变成少数派，这给高层管理出了新课题。

然而，仅仅 10 年后，随着国资委的挂牌，以及“铁腕人物”李荣融的掌舵，一切都发生了根本性的变化：社会主义的中国，国企的数量尽管还在压缩和减少，但凶猛的力量却不可同日而语——它们攻城略地，来势汹汹，被人们贴上了“暴富暴强”的标签。

于是，一边是人们的控诉，一边又是央企的辩护。无论是“控方”，还是“辩方”，似乎都忽略了一个微妙的历史事实：10 多年前，当国家狠下血本救国企于濒死时高举的是“有进有退”、“有所为有所不为”的大旗。哪里进？哪里退？当时的解释很统一：退出竞争性行业，逐步打破非竞争性行业的垄断形势。

转眼审视今日之国企，无论竞争性行业还是非竞争性行业，都充斥着国企的身影。国企的改革已经背离了 10 多年前的初衷，为做大而做大。

蓦然回首，发现的是一条走偏的路！

但这条路是如何走偏的呢？我们到底应该以怎样的心情来审视这个尖锐的问题？

但是，事实仅仅是这么简单吗？其实，爱恨交织的不仅是我们，更有它们——包括那些“死去活来”的央企……它们从何处来，又将到何处去？

上 篇
在争议中求解

第一章 “国家队”的困惑

饱受非议的“共和国长子”

> 与民争利，寸步不让。
>
> ——《中华工商时报》

> 民企享受国家的资源少，纳税等义务却尽得多。央企是国家亲儿子，我们是野儿子！
>
> ——某民营企业家[1]

1998年6月中旬，我国中南、西南地区东部和东北地区西北部连降罕见暴雨。暴雨袭击长江，致使长江流域发生了20世纪第三次全流域性的大洪水，前两次分别在1931年和1954年。而在其他领域，同样的疾风骤雨也已来临，其将影响的范围也绝不亚于这一年的洪灾。

1997年下半年，东南亚地区爆发了地区金融风波。其影响范围不断扩大，

---

① 摘自该民营企业家代表在“两会”上抱怨民营企业受到“不平等对待”的讲话。

第二年就影响了日本、韩国及其他一些亚洲国家，导致我国对亚洲其他国家的出口严重下降。此外，1998 年是我国由卖方市场向买方市场转化的标志性一年，三分之二的商品存在供过于求的状况，此时的投资和消费需求正在由前 10 年的膨胀，变成不足。

此种情势下，众多国企萧条一片，三分之二的国企在亏损，而且越亏越多，成了“无底洞”，不仅不能给国家创收，反而减少了国家收入。设备老旧、机构臃肿、人员慵懒——国企浑身是“病”。打开国门面对世界，整个中国躁动不安。人们对国企的批评之声蔓延，多是“哀其不幸，怒其不争”，人人都希望政府能将它们救活，让国企个个生龙活虎。当时中国家底远不及现今，却掏出了巨额资金来做这件事情——让它的长子们“查病情”、“动手术”，下定决心使其“三年脱困”。这是一项浩浩荡荡的大工程，它将对 20 多万家国企实施发国债、降利息、债转股、注销呆坏账等措施，可谓倾尽全力，除了资金上的代价，还有 2000 多万国企下岗工人亦成了接下来的“三年脱困”的代价承受者，“下岗工人再就业”成了那个年代的热词。而到三年后的收获之时，这些企业已经死的死、卖的卖、改的改，活下来的大部分有了很大的改观，成功完成脱贫脱困的目标。

10 多年后今天，国企与 20 世纪的国企已不可同日而语。2011 年，一家石油国企宣布在过去的一年赚了 1329.84 亿，其产量也超越了全球老大——埃克森美孚，荣膺该年度新科产量状元。而在上一年（2010 年），它还登上了英国《金融时报》评选的全球 500 强，俨然以国际跨国大公司的姿态屹立于亚洲甚至世界。

2012 年，国务院国资委监管的中央国有企业实现净利润 1.3 万亿元，相比于国资委成立之初的 1402 亿元，几近于 10 年翻 10 倍。

不过，这样的骄人成绩却未赢得民间的称道，相反却饱受非议。同样被热议的还有那些银行、电力行业的国企们。人们认为，是这些国企所拥有的垄断“马达”使得它们成为赚钱利器。国企正是靠着“与民争利”才赢得今日之地位，而真正值得称道的做法应当是“还富于民”、“藏富于民”。

一个事实是，历经15年，国企已经脱胎换骨，但人们的批评却依旧，甚至越来越激烈。

2010年，《中华工商时报》一篇作者署名为赵民望的文章提出了不少民众心中的疑问：央企为何不能赢得国民敬佩？他说道：强大的央企靠什么既赢得市场又得到国民的爱戴？中国最终有多少家央企，又有“多少强”可以走向世界，对于国民真的并不重要。国民最为看重的是他所分享到的央企的服务及产品的优劣，切身体会到的是央企的社会责任心的强弱。也就是说，国民看重的不是你有多牛，在世界是第几，而是你能给我们带来什么。

在央企鲜花般红火的业绩背后，人们普遍在抱怨电信费高、油费贵、房价高，生活越来越累，丝毫没有感受到央企给实际生活带来什么好处。既然这样，人们又如何可能去赞赏、爱戴央企呢？

15年前，央企奄奄一息；15年后，央企“横行霸道”，“脚掌碾过，寸草不生”。何等巨大的反差！

以下案例发生在2009年。在刚经历了2007～2008年的油价“过山车”之后，众多企业都对石油这一领域跃跃欲试。闻听浙江省绍兴市将要首度通过市场化方式拍卖一处加油站，众多企业纷至沓来，希望能够把握这一赚钱的良机，其中有民企，也有国企。竞拍开始，起拍价定在了428万元，经历了数轮角逐，标价不断抬升，直到2600万的高点。“寒酸”的民企老板经过精打细算，一致认为如此高价，拿下也是亏本，纷纷败下阵来。最终，此地块被一家石油化工领域的央企分公司霸气十足地拿下，2600万的竞拍价已是底价的6倍，舆论哗然，此价格也被惊呼为“天价”。

无独有偶，另一家石油化工领域的央企，在此前一个月也以2750万的价格成功拍下了南京市一处最初报价为235万的加油站地块，成交价格更是接近底价的12倍。

二者可谓相互呼应，而近几年，更是有亿元加油站“诞生”。

面对如此凶猛的攻势，“寒酸”的民营企业家们纷纷叫苦，望而却步，只能眼睁睁看着市场不断被财大气粗的“三桶油”（中石油、中石化、中海油三家公司的简称）占领。

而那些拥有一定数量加油站的民企日子也没有好过多少，因为它们的“油源”在其竞争对手手中。试想，如果A公司需要从B公司批发商品（B公司同样从事零售），然后销售给公众（与B商店零售业竞争），二者应当如何竞争？质量又如何保证？了解了这些，我们对油价高涨时期不断出现的“油荒”也就不那么难以理解了。

在日常用的宽带费用上，人们更无处可逃。有一段文字这样“流传着”：我们的平均经济水平比不上韩国、日本，我们的宽带质量也比不过韩国、日本，我们用的都是低于运营商名义速率的“假宽带”，还时不时出现中断等意料之中的情况，可是我们在宽带费上却“毫不逊色”。

国家信息中心信息化研究部发布的《中国信息社会发展报告2010》指出，2008年我国宽带用户平均月资费为83.8元，相当于每Mbps（传输速度单位，兆位/秒）每月46.6元，是韩国宽带价格的18倍、日本的51.5倍。“如果考虑到收入差距的话，2008年韩国人均国民收入是我国的6.9倍，这意味着我国的宽带资费水平相当于韩国的124倍。”同时，另一组数据让人们看了更是“揪心”：2010年我国宽带上网平均速率位列全球第71位，还比不上美日英等三十几个经济合作组织国家的十分之一。但是，平均一兆每秒的接入费却是发达国家平均水平的3～4倍。

2011年，CNZZ（全国最大的中文网站统计分析平台）发布了一份中国互联网各地区运营商服务情况统计报告。报告说，中国电信和联通两家在互联网接入市场的占有率之和高达85.18%，至今无大改观。显然，这已经远超《反垄断法》规定的三分之二。这些企业越是反复辩解自身不构成垄断，却越增加了公众的反感。

当然了，“共和国长子”们的“霸气十足”并非仅限于以上方面，如果留心观察，生活中处处可见。“共和国长子”们的势力范围已经扩展到人们生活的方方面面，衣食住行无所不包。

这样的情况令人哭笑不得、义愤填膺，怒气最后仍然落到了国企垄断的老话题上。

在人们看来，除去拥有近乎垄断的资源，“共和国长子”们还拥有民企难以匹敌的政策优势。2008年、2009年，经济危机爆发之时，全球恐慌，为减少我们国家的损失，稳定经济增长，政府推出了备受关注的4万亿的救市计划。满心欢喜的民营企业却不得不失望而归，“肥水不流外人田”，4万亿中的95%流入了国有企业，央企更是占据了大头。拿到钱的央企也没闲着，进一步加快了脚步，在各领域齐“开花”，与民企“争艳”，令民企陷入了更加困难的境地。4万亿投资“央企喊没吃饱，民企喊没吃到，民众喊看不到”。在这样的政策性优势面前，民企与央企的地位问题再度被热议。中国经济保住了8%的增长率，而人们对经济形势的判断却未见有更多的乐观表示。

之后不久，时任国资委“掌门人”的李荣融，却在2010年抛出“垄断有功论”，为自己的“孩子们”辩护。他说，由于中国还处于初级阶段，某些行业出现垄断是很正常的，是有利于中国经济的，若没有“三桶油”，中国经济早乱了。此番言论被称“站着说话不腰疼”，更加刺激了人们的情绪，掀起了批评央企的又一轮热潮。而在这个日益透明化的时代，央企自身负面事件不断曝出，“天价酒”、“天价车”、“天价名片”、“天价吊灯”……这一“天价系列”伴随着接连不断的书记、董事长、总经理的落马，将国企自身推到了风口浪尖。

尽管“生活条件”优越，“共和国长子”们仍不满足，屡屡向国家伸手要补贴、要优惠政策（其中不乏头顶“亚洲最赚钱公司”、“亚洲最赚钱银行”头衔的企业）。有人描述现在的景象是，央企“铁蹄”所到之处几乎寸草不生，民企纷纷归附或者退出，缺乏基本的竞争环境。民企们谈央企色变，可谓既恨之，又惧之。在这种情况下，聪明的民营企业与央企的关系应当是：合作而不竞争，补充而不代替，附属而不僭越。

面对优越的市场、政策、资源条件，央企似乎没有理由做不好。然而，它们最后退守的底线——屡屡被自己称道的业绩，似乎并未得到认可。

早在2009年，人们就说，政府给了央企60%的资源，而央企却只回报了30%的GDP（国内生产总值）增长贡献，解决了两成的就业。大家甚至认为，把给央企的钱存进银行都比给让央企折腾回报率高。有经济学家计算，在2011年，央企总资产为27万亿，净资产为10.5万亿，利润不到1万亿，平均净资产收益率不到8.4%，剔除息税后的地方投资总资产回报率约为3.2%，还不及银行的一年期基准存款利率高（时为3.25%）。如果上述数据属实、客观，将钱存进银行对国家似乎的确更为划算。

相对于天则经济研究所所发布的相关报告，以上的说法显得“温和”多了。这家饱受争议的机构在一份关于国企研究的报告中测算出，从 2001 到 2009 年，国有及国有控股工业企业平均真实净资产收益率为 -1.47%。这一结果可谓对央企 8 年多的发展进行了全面否定。

2001 年至 2009 年，国有及国有控股工业企业平均的净资产收益率为 8.16%。2009 年，国有企业净资产收益率为 8.18%。从数据来看，国有及国有控股企业的名义绩效也不够高。①

即使如此，国有企业表现出来的绩效并非其真实绩效，是国有企业在享受着种种财政补贴、政策优惠的经营环境下所体现出的绩效。只有从名义利润总额中将国有企业享受的应付未付成本和补贴扣除，才能从账面财务数据中还原企业的真实经营面貌。

可以说，央企的贡献是有的，只是没达到预期。

回头来看，这俨然是个“官二代”的故事。

而人们对央企的非议，已越发不可收拾。

① 此数据引自天则经济研究所《国有企业的性质、表现与改革》修订稿，2011 年。

“我们怎么了?”——央企的声音

有些好事到了有些人嘴里就变成坏事，但是我不怕骂，因为心里很坦荡，我做的是对人民、对国家有益的事。

——李荣融

你们外人总觉得我们这些大国企只顾靠着政策性垄断吃饭，不知道我们这10年一刻也不停地改革，一直在跟“大企业病”斗，跟这个“恐龙病”斗，否则我们根本活不到现在。

——中粮集团前任董事长周明臣

对于社会上的喝倒彩声，已经卸任国资委“掌门人”的李荣融，倒没有丝毫惧意，“我们干得比别人好，为什么要改？这种模式世界上没有，只有中国有，凡是认准的事就要牢牢抓住不动摇，脱离国情做事很危险”。而且和李荣融站在同一立场，力挺国企的人也不在少数。

其实，作为“共和国长子”，从建国到强国，从贫穷到小康，央企的作用和地位的确都无可取代，它们迎来的不仅有“砖头”，同样也有鲜花。

新中国成立之时，面对内外交困的局面，央企们是保障兵，带领中国企业“突围”，出口创汇，支援经济建设，饱受辛酸；改革之时，它们是排雷兵，首当其冲，艰难“脱困”，是改革的“试验田”；开放之时，它们是冲锋队，走出国门，四处冲杀，与强敌为邻，为国谋利；如今的它们在“裁军”、提高，在饱受争议中屡创佳绩。中国企业从一文不名到立足于国际，央企无疑是主力和“领头羊”，在国际市场上捍卫着中华民族的尊严。

2008年，美国一个叫杰克·卡弗蒂的CNN（美国有线电视新闻网）主持人对着全世界的人说，中国企业只能生产“垃圾产品”。此番言论严重刺激了中国舆论，各方都等待着中国企业的回应。

上海一家机械企业立刻用无知、傲慢、愚昧来形容卡弗蒂。细查这家制造港口机械的企业，我们发现其背景不凡，其控股方为一家央企。其生产的机械已经大量在美国东西海岸使用，其产品已经占有了世界75%以上的市场份额。用这家企业的话说，“它们（机械）的高效工作是美国赖以进行近万亿美元进出口商贸活动的主力军”。这家机械公司还不忘表现出中国人固有的风度，邀请这位卡弗蒂先生去美国的码头看一看矗立在港口的中国造的钢铁巨人。此外还软硬兼施：如果看完之后，卡弗蒂先生依然认为中国制造是“垃圾”，那么就要以诽谤罪起诉他。此事件最后以卡弗蒂先生的沉默收场。①

实际上，对于更多的央企来说，它们更希望人们理性地看待国企发展问题。

中粮集团董事长宁高宁曾在2010年全国“两会”期间接受《第一财经日报》记者马晓华采访时表示，从给国家的贡献角度看，10年前国企发展不好导致国有资产流失，而现在国企经过改造已经在给国家创造财富，在给国家交税，带动国家GDP的增长。从所有制来说，大部分国企都上市了，因此都属于“公众型公司”，应该将国企放到资本市场这个框架下来看其自身能否做得好的问题。从企业界的角度来看，不管是民企还是国企，都要看这个企业自身是否提供了好产品，是否有竞争力，是否给社会做出创新性的引领。

① 杜建国：《应正确评价国企竞争力》，《国企》2012年03期。

在宁高宁看来，中国人目前对争论所谓企业身份的重视远远高过对企业自身质量的重视，没有人会讲中国的企业到底有没有竞争力，有没有新产品，有没有研发、组织架构、核心技术能力等优势。

其实，“现在国有企业一直在缩小其比例，应该比较理性地看待这个问题。”

无疑，宁高宁的这番话，在很大程度上喊出了央企的“心声”。

而中粮集团的前任董事长——一向快言快语的周明臣，尤其为国企抱不平。他说：“在中国干企业不容易，国企尤其不容易。让我非常钦佩的杰克·韦尔奇先生到国企来试试，他也不一定干得了。中国国有企业家有本难念的经。”

换个角度，从总体情况上看，从国资委成立的2003年到2013年的10年间，央企数量从196家减少到116家，央企利润从3000亿增加到1.3万亿，翻了4倍多，45家央企进入世界500强，其中前10名占据3席。中国企业已经站到世界舞台与国际跨国公司同台竞技。

而另一面，中国本土的民族企业与品牌的不断“倒下”也需要央企“暂时”撑起来。

联合利华收购“中华牙膏”，欧莱雅收购“小护士”，强生收购“大宝”，SEB（赛博集团）收购上海“红星”和浙江“苏泊尔”，吉列收购“南孚”，柯达收购“乐凯”……如今，站在超市日用品专柜前环顾一圈，已经很难再找到一个真正的民族品牌了。

上述的现实远非残酷。在国内，占据本土优势的中国企业也并没有在与跨国巨头的竞争中领先多少，从连锁零售领域的沃尔玛、家乐福，到日用化妆品领域的宝洁、联合利华，再到电脑领域的微软，乃至汽车、饮料、种子、精细化工等领域，某种程度上，外资在中国市场已经占据了相当重要甚至已经处于垄断的地位。

同时，众所周知的是，在经济全球化的大背景下，一国的主权不仅体现在领土、领海、领空上的管辖与治理权方面，更体现在经济的自主决策权上。我们且看几个事例。

军事。1937 年 7 月，八年抗战正式拉开大幕时，中国空军仅有战斗机 305 架，3 个月后仅剩下 81 架。因为中国造不出飞机，依赖进口，损失的飞机很难及时得到补充。这意味着日军飞机如入无人之境，随心所欲狂轰滥炸。飞机制造受制于人给中国带来切肤之痛。

矿产。1999 年时，上海财富论坛，主持人提问日本三井物产前社长：很多公司没有冠以三井的名字，但它们可能也是三井的成员或下属企业，这种情况是不是在中国也存在？这位前社长回答说：在中国，我们的老朋友是宝钢。因为三井财团已经与中国钢铁相关的各个行业进行了合资合作，几乎涉及全产业链，成功将宝钢等中国钢铁产业领军企业纳入其“势力范围”。从最开始的铁矿石涨价，到后来的海运费上升，再到未来的钢铁物流，中国企业在承受成本的同时，三井财团却在享受着一道道“美味大餐”。如，中国企业在每年的铁矿石谈判中都处处被动，而日本则投资了主要铁矿石产地的大量企业。因此当 2005 年铁矿石涨价 71.5%时，中国企业只能无力地反抗，日本企业却在“偷笑”。2005 年，《铁矿石谈判中国钢企再遭日本暗算》一文的作者显然也注意到了这点。①

粮食。郎咸平的《郎咸平说：新帝国主义在中国》通过某种极端的方式将这一严峻形势摆到了国人眼前。2004 年，通过国际金融炒家的炒作，中国发生了“大豆危机”，国内 70%的大豆企业倒闭。这些倒闭的企业很快就被世界“四大

① 此段部分内容参考白益民著，《三井帝国在行动》，中国经济出版社，2008 年。

粮商”[①]收购，而中国的大豆市场也开始受制于这几大公司。也正因如此，时任国务院发展研究中心农村经济部副部长的徐小青才说：经过整合，现在整个大豆行业几乎已经被四大粮商控制了。中储粮的定位不是为了赢利，国家不可能让它和外资合作，因此它还是一个独立的国有企业，如果连它都被外资收购，我们就什么也没有了，这是我们的最后一个堡垒。

数码产品。2009 年 11 月 18 日，北京嘉里中心，拉过板车、卖过电脑机箱的华旗资讯董事长冯军站在一个论坛的讲桌前，一脸严肃，他用颇具悲凉的语气描述了“爱国者”在行业内拼搏的切身体会：中国数码相机产业和摄像机产业就剩我们一家孤军奋战。9 个日本品牌基本上类似于日本的国企，获得了整个日本民族的全力支持，包括索尼、佳能、奥林巴斯、尼康、富士等。面对 9 个比我们大得多的企业，全球现在敢跟他们竞争的只有两个企业，一个是韩国的三星，一个是中国的爱国者。三星、LG 两家公司，在 1998 年、1999 年联手进入中国，在中国“屠杀”了大概 200 多个国有企业。数码产业现在巴不得有国企进来。国企应该进来了，大家一起打群架，我们有可能活着，否则确实不好打。大的核心研发只能靠国企这样的“航空母舰”来做，我们“小飞机”搭载“航空母舰”就可以远征到全世界，扩大外销，提高质量、解决就业，这是一个良性循环。如果国企能进到数码相机、数码影像产业，“爱国者”以及很多国内优秀的民营企业都能得到很多的发展机会，我们盼望着我们这个行业能够“国进民进”。

其实早在 2003 年，一本《中国产业地图》的图书已经引起了中国人的强烈

① 参见郎咸平著，《郎咸平说：新帝国主义在中国》，东方出版社，2010 年。“四大粮商”是指 ADM 公司（与新加坡丰益集团组建益海嘉里，拥有“金龙鱼”品牌）、邦吉公司（已成为中国最重要的大豆和油籽供应商）、嘉吉、路易达孚。我们炒蛋的油将由华尔街来定价。

关注和讨论，书中说，中国每个已开放行业的前5名都由外资控制，在中国28个主要产业中，外资在21个产业中拥有多数资产控制权，如手机电脑行业、流通行业、汽车行业、轮胎橡胶行业，等等。到目前为止，这种状况似乎改观不大。

10多年来，我国的很多行业都处在外国资本的控制之下，尤其是众多关乎国计民生的行业，只有国企所在的一些领域（如石油、电信、电力等垄断性行业），依靠着国家政策或其他的资源、地理等优势得以保留国企的影响力。即国企在石油、电力、电信等关乎国计民生的重要领域发挥的保障作用无可替代。这也是它们重要的使命之一。

这些领域一定程度已经给予中国警示。

所以，李荣融才说：“现在大好形势来之不易，我们要备加珍惜，首先自己不能乱。国企也有腐败问题，但是解决的办法不是简单的解散国企，这是杀鸡取卵，自废武功。国企与民企是互补的，而非对立的关系。”

面对跨国公司的强势“进攻”，迎战的大多数还是被人们不断诟病的央企。以占据海外并购交易总额74%的能源、矿业与公用事业领域为例，在2010年上半年中国十大矿业海外并购交易中，国有企业占据6席，另外4席为香港公司占据。2010年上半年中国五大油气业海外并购交易，全部由国有企业主导完成。面对中国石油对外依赖度提前突破55%的高值，国家正在鼓励央企“走出去”，到海外并购资源，保障中国的能源供应安全。2009年，国有企业交易金额占当年总并购交易额的80%左右。[①]德勤将之称为“崛起的曙光”，这从一个中立的角度证明，央企并非是只会“窝里横”的群体，在海外也同样是“雄鸡”——否

① 数据来源：德勤2010年度报告《崛起的曙光：中国海外并购新篇章》。

则，别人就会进到中国的“窝”里来横。

再看被热议的“国进民退”，站在国企一边抗议的不在少数，另外一些数据也在佐证着“国退民进”。

如今国企在中国企业中所占的比例已经大大下降。情况是，从1998年到2010年，我国国有企业在总数量中的占比从39%下降到了4.47%，资产总额从68.8%下降到了41.78%，主营业务收入从52%下降到了27.8%，利润总额从36%下降到了27.8%，从业人数从占全国的60.5%下降到了19.2%，从2006年开始，我国的非国有资产的总额已经过半。这些数据似乎说明，根本不存在所谓的“国进民退”。在石油、电信、电力等准垄断行业，改革不断进行，垄断的情况也在逐步好转。我们应当将其称之为“国进民进”，而非简单的“国进民退”。

央企也是企业，存在种种问题，好在各方都在努力解决这些问题，以期有所改进。央企需要改善管理，这是大多数人的观点。民企们在管理、技术及人才方面均存在不同程度的问题，和央企存在一定程度的差距。民企的优势在于灵活、反应快，这点可以弥补央企的不足，而多数民营企业在跟央企合作时也表现出了积极的态度。央企与民企的互补更有利于二者的合作，是一种共赢的关系，并非排斥。

德国一个颇有经济改革经验的前总理说①，中国国有企业涉及上百万亿资产，进行私有化改革不会取得理想的效果，也未必有利于竞争，私有企业不会有更多竞争优势。他以三峡工程为例，如果主导三峡工程的公司是一家私人公司，由于

① 《德国前总理：国有企业是中国人的命根子》，《参考消息》2012年4月13日。他指出今后中国人口红利消失后，人们将会看到国有企业释放的价值。

资本回报率过低，它根本就不会存在。这是由私有公司逐利和不关心社会整体效益的天生属性决定的。因而，从某种程度上说，国有企业不是“与民争利”而是“为民争利”。①当中国人口红利逐渐褪去，国企的巨大作用就会愈加显现。

当众多欧美国家羡慕中国在经济危机和自然灾害面前表现出的不可思议的行动力之时，我们却想逐渐削减这些东西。难道这也是座“围城”，双方都只看到了对方好的一面？我们不禁和央企老板们一同思考：我们怎么了？

① 吴强：《国有企业：与民争利还是为民谋利?》，《红旗文稿》2011 年 15 期。

走偏的路——症结何在

> 自己不勤政，又不廉政，吃吃喝喝，乱批条子，任人唯亲，到处搞关系，把国家财产不当一回事，你坐在主席台上面作报告，下面能不骂你？
>
> ——朱镕基①

> 为什么国企搞不好的时候你们骂我，现在我们国企搞好了你们还是骂呢？
>
> ——李荣融

无论是发牢骚的，还是被发牢骚的，似乎都忽略了一个微妙的历史事实：10多年前，当国家狠下血本救国企于濒死时高举的是“有进有退”、“有所为有所不为”的大旗。对于哪里进、哪里退，当时的解释很统一：退出竞争性行业，逐步打破非竞争性行业的垄断形势。

转眼审视今日之国企，无论竞争性行业还是非竞争性行业，都充斥着国企的身影。国企的改革已经背离了10多年前的初衷，为做大而做大。

蓦然回首，发现的是一条走偏的路！

2010年3月16日，当年的“两会”于前一天结束，高房价在“两会”中遭到了各界人士讨伐。就在这天，三家企业不避风头，齐聚北京，争做“地王”。令人诧异的是，三家“地王”均是清一色的央企。其中有一家兵工集团，还有一

---

① 摘自1993年朱镕基在全国金融工作会议上的讲话。

家烟草集团，显然房地产并非这两家央企的主业，可它们却也跑来凑热闹。一位参与竞标的民营地产商在竞拍会后颇受打击，称和央企同台竞标是“花钱买丢人”，明知争不过还参加。对日益攀升的高房价，央企被认为“功不可没”，七成央企已经涉足房地产业。一时间央企成了高房价的助推者，被各界争相讨伐。迫于舆论压力，国资委不得不出令，让房地产非主业的央企退出房地产行业。然而2012年年末，78家央企中依旧有不少未“退房”，直到房价调控趋紧，政府从信贷等方面制约央企，逼其从房产领域撤出，才略微显效。房价走高时却未有此举措，不免让人非议。而央企的所作所为也不得民心，房地产的利润高就纷纷涌向房地产行业拿地、“称王”，央企控制国民经济命脉的责任和使命何在？如此这般逐利，央企和民企有何区别？

民间的种种批评使央企领导们愈加困惑，央企领导不禁问：“我们怎么了？”为什么受到如此多的批评？1998年亏得最多的时候，企业停产，职工下岗，贷款拖欠，我们被骂。但从2004年到2006年，国有资产每年增长1.3万亿，相当于每年诞生一个中石油；2007年年底，153家央企的利润接近1万亿元，可面对央企利润大幅膨胀的成绩，舆论却少有夸赞，因为从净资产收益率等指标考量，央企的业绩并非那么突出，且“国进民退”、“与民争利”的批驳之声充斥坊间。双方各有角度，也各有道理。

李荣融和国企高管们想不通：为什么国企搞不好的时候你们骂，现在国企搞好了你们还是骂呢？国企好与不好都在被骂，原因在哪里？

几年前，一篇名为《央企为什么这样红》的文章中肯地写道：央企大胆地追求利润，同时股东也要求回报，而央企的股东是谁？民众。另外，只要市场主体不能自由参与竞争，“增长势头压不住”的央企利润就不值得炫耀和骄傲。

其实，此文作者正是回归到了10多年前国企改革的主题：退出竞争性行业，打破垄断行业，勇担责任才是正道。

目前的情况是，央企在“高速公路”上开足马力纵横驰骋，民众却在抱怨我们的日子为什么这么难，我们房价、电价、网费、油价等都在不断地涨。如此现实，怎能叫民众不心寒？

2007年，央企大长国威，赚了1万亿。而在该年的“中国优秀企业公民”表彰大会上，仅有一家央企入围。当某报纸一位记者试图调查我国一家电信巨头企业的公益慈善情况时，得到的答复是“我们没什么可说的”。

2006年时，美国《财富》杂志对2006年企业社会责任的履行情况进行了排名，国家电网得分居然为零，排名倒数第一（2007年时，情况有所改观，在同样的评估中，中石化、国家电网、中石油分列第59位、第60位和第80位，但评分仍低于平均分。其评估对象为世界500强前100位的企业）。这样的答卷无论如何是不可能让央企的“股东”们满意的。这些还只是已经公布社会责任报告的央企情况，那些被屡次催促却迟迟没有公布社会责任报告的央企不知做何应对。

不过，即使国企想捐也没那么容易，国企的钱是国家的，不是领导人想捐就能捐的。捐少了大家质疑，捐多了会有人认为他们在拿着国家的钱挥霍。可见，央企的领导人不好做。央企的“股东”们很“挑剔”，他们希望央企既要“名”，又要“利”。然而实际情况是，“股东”们不仅没有得到回报，反而有种被套牢的嫌疑。

另一方面，经常被提及的垄断局面又当如何呢？

2010年年底，中石油内蒙古一家加油站门前冷冷清清，已经歇业，仅剩的几家质量无法保证的民营加油站门口反而排起了待加油的汽车长龙。因为最近国内正在闹“油荒”，据石油公司称，由于各公司均将炼厂设备检修安排在此时，导致炼厂炼化能力不足，柴油供不应求。很多车等待一两个小时候才能加到油，并且每次只能加200元的油，有时甚至要给加油站服务人员塞几十块钱小费。而这些车中很多是载重几十吨的长途运煤车，很“吃油”，200元的油实在无法满足其需要，于是这些车只得跑到半路再次补油。长途跋涉的货车司机们本来就疲惫不堪，现在更被这一次次排队耗得筋疲力尽，纷纷叫苦。这种柴油“质”不能保、“量”也不能保的景象，只是当时“油荒”的一个缩影。而此次的“油荒”已使得4000家民营加油站面临倒闭。关于“油荒”的原因，各方自然各执一词，两巨头说经济发展、拉闸限电、炒作导致了需求急剧加大；然而民间的多数机构却不这么看，它们认为两大巨头在国内上掌资源开采，中控资源加工，下握分销渠道，对外掌握进口，全流程控制，然其计划赶不上市场的变化，最终导致了“油荒”。这样的机制下，“油荒到头，心慌难止”！

不过，中国国企的垄断并非特例，国际上很多国家，其国计民生的许多领域也均由国有公司控制甚至垄断：现在俄罗斯的经济命脉——石油、天然气依然掌控在国家手中；新加坡经济以国有企业为主导；美国的埃克森美孚、雪佛龙等几家石油公司垄断了美国绝大部分市场。但是为何这些国家的国企没有出现如此多的问题呢？这是我们应当思考的问题，它们的经验或许也是我国国企改革的一种助力。

20世纪80年代，我国通过扩大企业自主权、政企分开、承包制等一系列举措让国有企业痛苦地从“母体”分离，成为真正的企业；90年代，我国开始尝试在国企中建立现代企业制度、放开搞活国有企业，进一步规范了国企的公司治理，并将一部分国企推向了股市，经受资本市场的洗礼；进入21世纪，央企有了“管家”——国资委，国企改革进入新的阶段，国有企业的管理得到不断完善，虽历经波折，却在教训中不断前行。

我国的石油、电力、电信等行业，的确处于被几家大型央企控制的局面。不过仍有众多领域不断在放开，众多央企在竞争性领域拼搏，如食品、建材、化工品等。而央企一旦走出国门，与跨国公司共舞，其能力所受到的考验就更为严峻。

全世界的国有企业都必须忍受社会方方面面的批评：亏损时的经营不善，盈利时的“与民争利”；规模巨大之时会被批垄断，业绩衰落之时会被怀疑缺乏竞争力、创新力。这也是国有企业自身的产权属性所决定的。可以说，有国有企业就会有对国有企业的批判，它们是共生的，这是国有企业成长中不可或缺的一种助力。

回头审视我国的状况，国企改革之路从未停止，然而却背离了十几年前“有所为有所不为”的初衷。然而竞争是市场的基本属性，国企改革之路理应回归本源，抓重点，有进有退，而非只进不退——只进不退导致的后果便是舆论普遍宣扬的“与民争利”。

当下国企的改革仍在继续，而关于国企改革的讨论会和国企改革相伴相生。在若隐若现的明天，国企的改革也不会止步，与此相伴的批评和赞同之声也不会消失。如何使国企改革复归本意，寻找到有利于中国经济整体健康发展的改革路径才是国企改革的关键。

但真正的出路，究竟在何方呢?

出路何在——如何走出困局

国有经济改革、金融改革、财政改革、建设法治基础上的现代市场体系，应该放在首位。法治基础上的现代市场体系，包括非禁即入，平等保护产权，平等竞争，良好的立法和司法体系。

——著名经济学家吴敬琏

对现代核心价值观、对未来模式和路径重新认识、定位的历史使命，是一个决定中国未来走向的、不可逾越的现实问题。

——招商局集团前任董事长秦晓

中国的国企从未像今天这么强大、强势，在国际上接连不断地力压巨头、实施大手笔并购，在国内各领域“圈地”、掌控众多关键行业。

中国的国企从未像今天这么矛盾、困惑，不断利用自身政策、资源优势挤压民企，“与民争利”、垄断、获取巨额利润。

中国的国企从未像今天这么吸引眼球，受到了中外各行各业的关注。人们也存在疑问，貌似强大的国企，其真正的竞争力究竟如何？

这透露出的是一种隐忧。假设有一天失去了国家的政策支持和资源优势，国企与外企、民企真正站在同一起跑线上竞争，已有的优势局面能否保持？能保持多久？这些都是未知数。

现在的形势下，有一点是很明确的，国企要发展肯定要改革，但是走什么样的路还存在分歧。于是学者、企业家、民众纷纷给国企改革出谋划策，希望这个庞大的“象群”将来能够昂首挺胸屹立于国际优秀企业之林。

首先，人们想到的是“一劳永逸”的办法，即对国有资产进行私有化。但20世纪90年代，俄罗斯的“私有化”风波历历在目，权贵私有化打破了人民一直以来对全民富裕的憧憬，反而造成经济效益恶化、竞争力下降、贫富差距急剧增大等诸多问题，酿成了悲剧。这种休克疗法[①]不仅在俄罗斯国内引起了长时间的反思，中国学者对此也进行了深入的研究，试图从中找到可供中国国企改革借鉴的东西。先不说此种模式在世界上尚未有成功的先例，单就我国社会主义公有制的社会属性来说，休克式的私有化疗法也是行不通的。

2004年9月，一头灰白头发、性情刚烈的香港科技大学教授郎咸平，在复旦大学的演讲台上做了《格林柯尔：在“国退民进”的盛宴中狂欢》的演讲，矛头直指当时盛行的国企管理层收购模式（MBO）。称其为顶着“抢救”国有资产的名义而获得“改革”的正当性，干的却是以各种方式侵吞或私分国有资产的勾当。这一演讲引发了著名的“郎顾之争”，也引发了各界对于国企管理层收购模式的关注和批判。最后，大型国企的管理层收购被国资委叫停，事实上也延缓了中小企业的MBO步伐。众多的案例和批评证明这一模式是非常艰难的。

联想到俄罗斯早期进行的私有化革命，众多学者和企业家的共识是：简单的私有化在中国的国企改革中行不通，必须探寻另外一条更为合理的途径。

而真正的国企私有化，已经被赋予了新的内容，它应当是指引入竞争，打破国企垄断，给民营公司、外资控股或个人等非国有资本以平等竞争的机会，通过机会平等、引入竞争促进整个行业的进步和企业竞争力的提高。改革国企体制并

① 休克疗法（Shock Therapy）：原是医学上临床使用的一种治疗方法，后被当作经济术语使用，形容一套激进的反经济危机措施和毕其功于一役的经济转型方式。

非消灭国企，而是立足于行业和企业的共同进步。

这应当是直接转让国有产权以达到私有化目标的另外一种选择，也可能是更好的一种选择。

一位著名的中国企业家领袖，早些年在接受笔者采访时曾说：“即使我们完全放开了，让民营企业来接国有企业，民企也根本没有这个能力。如果全部放开的话，绝对是一个灾难。”

现阶段的国企充斥着种种问题，幸运的是这些问题正被公众越来越多地认识到并提上改革的日程。人们认为，老百姓真正在意的可能并非是有多少家央企进入了全球500强，而是这些央企能否让我们生活得更好。但现在我们的体会仿佛与此相去甚远。因此，国企必须要改革，但在如何改革上，社会各界仍存在诸多分歧。如何使国企能够具有持续的竞争力，待天然优势丧失之后仍然不输于其他类型的企业，保障国计民生？这是对国企未来的第二种思考。

1999年，电信老大分拆出了移动，后来又经历了几次重组，逐渐改变了一家独大的局面。石油行业也是如此，两兄弟“划江而治”，后来又多一个“兄弟”把海上油气拿了去。不过在公众看来，这样的重组分拆就像兄弟分家产，分来分去，两人还是兄弟，终归是一家，不能解决实质性的竞争问题，收效甚微。因此，这样“肥水不外流”的内部式改革被各界所诟病。

因此，很多学者得出结论：中国国企改革的重要一环是引入外部竞争，只有引入外部竞争才能使整个行业健康有序地发展。垄断并非是判断行业是否健康的唯一标准，行业准入更为重要，行业准入决定了行业竞争的激烈程度，也是行业内创新的重要前提。

当然，国企最终应当从竞争性领域退出，回归其改革的初衷，不能再走偏。

这其实也时刻涉及“公平与效率”问题。

一句话：既不与民争利，同时又还利于民，国企何时才能做到？

这句话的背后，实则点出另一个核心的问题：国企是继续政治性垄断，还是继续竞争性垄断，抑或是二者通吃？

这样的思考，也能从官方那里找到“印证”——国家发改委宏观经济研究院“深化中央企业改革”课题组在2007年所发布的研究报告，多少代表了官方对当前国企特别是中央企业改革的担忧或者不满。该课题组在报告中指出：当前中国国有企业改革存在多个新误区，国企以赢利能力强为理由盲目扩张，在竞争性领域“与民争利”，挤压民营企业的发展；在国企改制过程中出现的外资化倾向令人担忧；而国资委对国企的管理也仍未理顺。

这份报告指出，最近几年伴随中国宏观经济持续高速增长，国有企业特别是中央企业也借助规模、资金等优势，开始了新一轮跑马圈地式的“新国资运动”，出现前所未有的高增长和高盈利。特别是在一些垄断领域的竞争性环节，国有经济的比重由下降转为上升。不少地方政府加大对竞争性领域的投资，重现新一轮低水平的重复建设；而中央企业“好大喜功”，盲目扩张，存在强烈的做大冲动。报告认为，这种“新国资运动”有三大弊病：一是直接影响到市场化水平和国民经济的运行效率，并挤压民营企业的发展，与民争利；二是国有资产重新投资经营性领域，经营性国有资产过于庞大，将增加监管难度；三是在国有企业内部人控制、预算软约束和低效率等问题仍客观存在的情况下，以赢利能力强为理由盲目扩张可能暂时掩盖国企低效率的本质，如果忽视进一步的改革，国企暂时的繁荣或导致体制的复归。

这份报告同时指出，“不论是国有资本要保持‘绝对控制力’的七大行业，还是要保持‘较强控制力’的九大行业，大都是第二产业中的主要行业，遍布非竞争性领域和竞争性领域，中央企业分布面仍然过宽”。报告认为，这种行业分布，导致国企在竞争性领域“与民争利”。利用政府背景瓜分市场份额，破坏市场竞争的公平性，并培养出特殊利益集团，降低国民经济运行效率和全民福利。另外，央企垄断集中度逐步增强，造成国民经济对其依存度提高，亦加大了经济运行风险。

根据媒体2009年的报道,“东北振兴”是中央从全面建设小康社会全局出发做出的重大战略部署，在《中共中央、国务院关于实施东北地区等老工业基地振兴战略的若干意见》(中发［2003］11号）下发之后，国家又再次发布《国务院关于进一步实施东北地区等老工业基地振兴战略的若干意见》(国发［2009］33号，下称“33号文”)，将新形势下的东北发展当作我国新的经济增长极①的重要措施。“33号文”中，推动企业兼并重组被摆在非常显要的位置。文件同时提出，中央将推动企业兼并重组，培育具有国际竞争力的大型企业集团，支持中央大型企业集团和地方企业相互联合重组。鼓励民营企业、外资企业等各类投资主体参与老工业基地企业改革重组。优先支持实现兼并重组的企业进行技术改造。

而国家发改委于同年的调研指出，国企改革依然是东北未来发展蓝图中的主导动力，并且欢迎民企参与，同时国企要从竞争领域中逐步退出，但在资源类、基础类以及公益类领域里，国企要起到绝对作用。

这样的信息，也算是对当前的“国进民退”的普遍舆论看法的一种鲜明的呼应。

关于国企是否继续在竞争性领域中的争论，的确是一个很复杂的问题，但短

① 经济增长极：具有推动性的经济单位，或是具有空间聚集特点的推动性单位的集合体。

期之内不会有结果。原因主要有几点。[①]

其一，处于竞争性领域里的超大型国企，在当初垄断地位随着开放的大门开启从而被“打破”之后，面对生存和发展的现实难题，无一例外地选择了“四处出击”的举措，从而埋下了很多的“种子”。历经岁月的积淀之后，这些种子有的已经死去，而活下来的基本都长成了“参天大树”。并且，随着产权结构的变化，它们已经与各种形式的资本形成了千丝万缕的关系。如若让它们一夜之间全部退出竞争性领域，何其难？难的不仅仅是退出，而在于退出之后，它们的新主业是什么？比如中粮集团，如果全部选择退出粮油加工等产业，是不是又单纯回归到了20世纪的情况，仅剩下贸易？同时，退出的产业将由谁来接盘？谁有能力来接盘？这些问题如果不考虑清楚，而只是单纯就退出与否进行争辩，是徒劳无益的。

其二，2003年组建的国资委，在中国过去的几年中，所推行的国企改革政策的核心就是引导红筹股[②]上市央企回归内地，让有能力的国企并购其他国企，并积极推动有能力的国企参与到国企改革与重组的浪潮中去，甚至还承担起负责接盘已经出现重大问题的大型民营企业。于是乎，大者更大，强者愈强。比如华润集团，就是这样迅猛地发展起来的——华润早从20世纪90年代初就开始了这种做大做强的历程，而那个时候的民营经济，才刚刚起步，谈不上与国企、外资相衡。

其三，对“竞争性”的界定本身就是一个难题。这应该是一个动态的过程。

---

① 本书的第二章对此展开，有详细的论述。

② 红筹股是指在境外注册，在香港上市，但主要业务在中国内地或大部分股东权益属于中国内地公司的股票。这一概念诞生于20世纪90年代初期的香港证券市场。

若干年前的垄断，未必就不是日后的竞争；而日后的竞争，未必就不是若干年后的垄断。所以，问题的关键应该是：是否应该积极打破垄断领域？如果不积极打破的话，优势资源将继续在国企尤其是大国企一边，比如中移动、中电信、中石油、中石化，等等。同时，在国企体制上进一步改革和突破，要进一步建立资本多元化的混合发展模式，并将其纳入到法治的轨道上来。这才是根本。

众所周知，在经济史上，其实关于公有和私有的争论一直存在，并没有一个定论。著名的经济学家约瑟芬·斯蒂格利茨（Joseph E.Stiglitz）一直对人们对私有产权和市场的迷信持相当的批判态度，因为他认为，这会导致一系列的风险出现。其实，具体到中国，虽然民营经济的发展是一个趋势和潮流，但以当前民营经济的力量和成熟度还不足以担负中国经济良性发展和社会结构良性调整的重任——德隆、中旺就是最佳的证明。如果国家不出面，其后果可想而知。而德隆系事件事实上也在相当程度上反映了当前我国民营经济在发展壮大的同时，还有不成熟的地方。从这个意义讲，国有企业还不能从历史舞台上彻底退出去，从竞争性领域中退出去。20 世纪 90 年代末期，在 OECD（经济合作与发展组织）的自由市场指数方面高居第三位的芬兰，目前在竞争性领域中也存在一定数量的国有企业。而西方的其他发达国家中，国有企业还依然存在。但这并非说明西方国家对民营企业的“排斥”，恰恰相反，它们允许民营企业继续积极参与进来，并形成资本多元化的混合共赢发展模式。这一方面有利于国企的改革，另一方面有利于民营企业的成熟和发展，并有更强的实力与活力肩负起更大的经济责任。从这个方面而言，一直处于资源性垄断领域的央企，比如“三大油”、电信等企业，不仅不能进入竞争性领域，而且还要开放自身所处的资源性垄断领域，允许其他资本适度进入。

综上，处于垄断性领域中的战略性国企还必须进一步打破垄断，并成为新的市场竞争主体，从而成为现代新国企。与此同时，国资改革必须解决好体制的通道问题，要建立一套规范可行的国有资产经营管理体制。由行政意志方式转换成管理体制方式，当是国资改革今后的一个大方向。而在资源类、基础类以及公益类等界面上，国家控制的情况如下，如何允许非国有资本适当参与并进来，则是一个必须考虑的问题。

第二章 “卷土重来”的背后

李荣融与中国这些年——超大国企何以形成

> 国有企业在向两个方向集中，并逐渐形成了两种类型不同的国有企业。第一类是具有公益性质的国有企业，这类企业在中央企业层面，包括石油、石化、电网、通信服务等领域的企业……第二类是竞争领域的国有大企业，中央企业占多数，包括宝钢、中粮、一汽、中国建材等。无论哪一种央企，都肩负着保障经济安全的时代使命。
>
> ——国资委副主任邵宁①

一边是争议，一边是求解。就是在不断的争议与求解中，2003 年之后的 10 多年时间里，超大型国企开始形成。而其背后隐现的，则是国资委对国企改革路径的设计轨迹，以及从中成功“复活”的现代新国企的力量。

当然，这是一波三折的。

话还得从一个具有标志性意义的重大事件——2004 年 12 月的中航油事件说

① 摘自国务院国资委副主任邵宁在 2011 年（第十届）中国企业领袖年会上的讲话。

起。尽管事后看来，这个事件绝非当时人们所想象的那样简单，而这一事件的爆发，无疑给刚刚成立不到两年的国资委一记“重拳”——尽管伴随着2003年国资委的成立，一个名叫李荣融的铁腕人物也开始登场，成为手握巨大国有资产的“管家”，并再次开启了国有企业改革的旋风。

然而，一个陈久霖足以把中航油置于困境，也在相当程度上把年轻的国资委推进了漩涡之中——这场事件无疑再次挑起了关于超大国企的公司治理问题的争论，而在这种争论的背后，则是关于是否去“政府影子”的争论。但是，随着李荣融的上马，国资委本就是一个强有力的“政府影子”，操纵着庞大的国企群落的命运沉浮。

其实，人们的争论并不唐突和矫情。因为，中航油的问题并不仅仅在于陈久霖。按照常理来说，一个公司出现丑闻，反映的应该是公司治理问题。中国航油（新加坡）股份有限公司违规进行石油衍生品交易，历时一年多，从最初200万桶发展到出事时的5200万桶，基本上是陈久霖一人操控，企业的风险管理和内控机制形同虚设。据说，就连中航油集团向新加坡公司派出的党委书记，在新加坡两年多也一直不知道陈久霖从事场外期货投机交易。这种“结构性风险”不爆发才是怪事。

不过，真的指望党委书记去矫正陈久霖式的问题，绝不是根本之道。它反而说明，只靠思想教育和组织觉悟解决不了问题。

如同一些评论家已经指出的，中航油事件的复杂性在于它的政府背景和垄断性地位。对于这样的垄断性企业，其实谁都无法真正进行有效监督。高度的企业垄断往往导致更高度的个人垄断，这样的教训不胜枚举。正因为如此，有学者称，中航油这类国企的治理水平其实取决于政府的治理水平。而要改变垄断性国企“没有真正的市场竞争，也没有真实的公司治理”的现状，一个可行之策是，借产权突破实现“政府影子”的合理退出，使垄断性国企变成真正意义上的现代企业。

不能不说，睿智的李荣融带领着年轻的国资委，已经有了类似的思路，用含有多种市场属性的改革手段促使国企的产权突破，引导外国企业、特别是跨国公司作为战略投资者参与大型国有企业的重组改组，推进中央企业股份制改革，实现投资主体多元化。而真正的投资者会拥有比“党委书记”更多的实质权力和监督权力，并行使其责权。

事实上，早在2003年年底，中央企业所属三级以上子企业中的48%进行了投资主体多元化的股份制改革，其国有资产占全部企业净资产额的36.7%，实现利润占中央企业的66.3%。另据不完全统计，截止到2004年9月末，中央企业控股的在香港上市的公司有53家，流通股本总额占香港全部上市公司流通股本的18.1%。

这样的业绩无疑记在了李荣融和国资委的功劳本上。但这样的数字并不实质性代表超大国企的走向是符合人们的预期的，即“真正的市场竞争、真实的公司治理以及真正的现代企业”——很多的超大国企依然躺在垄断的体制与资源里睡着大觉；而依然努力突破、发展并渴望市场竞争和现代企业治理机构的少数超大国企大佬们，甚至对自己该干什么以及留任多久都不具有真正的发言权——因为，在他们的背后，有着一个“政府影子”在告诫他们。

当然，中航油事件的发生，无疑推动政府有关部门加快股份制改造的步伐。

2005年，国资委推出的新措施就包括：积极引进境内外战略投资者，从履行出资人职责出发，推进已改制企业不断完善公司法人治理结构，加强管理。

2005年以来，一些垄断性特别强的行业已经开始加快改革进程。如中国航空集团、神华集团等14家企业改制设立了股份有限公司，中海集运、中国电力、中国网通（香港）等在海外首次公开发行股票并上市。

也正是在2005年，人们以良好的意愿认为，随着产权改革的继续深化和出资人职责的逐步明确，今后中央国企出现“分化”和整合的趋势也将更明显。一部分中央企业依然享受政策资源扶持，但扶持更多表现为是在产权方面更具市场趋向的“放行”；另一部分中央企业将通过大规模打破垄断、吸引战略投资或重组，打造自己的核心竞争力，争取成为行业和市场的领导者。尽管此时还处在国有企业改革的新逻辑推进中，人们对监管部门既有期待又有担忧。

这些担忧，其实也代表了人们对国资委和李荣融的一种更大的期待，其中也掺杂着一种隐隐约约的诘难——在央企大转变中，无论涉及上市还是管理层激励，监管部门的监管范围和监管力度究竟多大才是合适的？监管部门自身的监管水平和风险控制水平又有多高？

毕竟，有专家质疑说，中航油事件，国资委也负有一定责任，其对企业的监管力量不够。《财经》杂志当年的专题报道称，国资委曾专门就是否救助中国航油（新加坡）股份有限公司进行研究，后来决定不予救助，由企业对自己的行为负责。但中航油并未理会，直到11月29日事发。

事隔多年之后，我们一面看到李荣融卸任国资委主任，一面重新回忆起中航油事件——尽管李荣融已经尽自身最大的努力而去“有所为”了，但他这个强人的面前同样也有一堵墙壁。无论怎样，当年的中航油事件似乎已经直接影响到国资委对企业的监管强度，国资委已很难在“收”、“放”之间达到平衡。除了继续推进股份制改革外，国资委接下来要做的就是加强对国有企业投资决策的风险分析，并利用财务预算和财务控制的杠杆控制风险。

或许，当时中航油的“亡羊之痛”，让人们意识到国资委肯定能带来更多“补牢之举”，促进更多改革之实。但问题是，类似这样的问题并没有在超大国企中销声匿迹。这样的问题，也绝非是国资委和李荣融所能解决的，因为，他们同样也是身在“某种体制”中。

实际上，对于年轻的国资委与“大管家”李荣融来说，问题还不仅仅限于此。因为，一种说不出的烦恼和痛隐约而现——中航油事件或已经给国资委和李荣融针对国企所实施的改制浇了一盆凉水。

不能忘记的是，2004 年，包括中国平安、中海集运、中国网通、彩虹集团、中国国际航空等公司在内的大盘股先后登陆香港地区主板以及美国 ADR（American Depositary Receipt，美国存托凭证）市场，从而掀起了国有企业的境外上市潮。“国资委提倡国有企业到境外上市，目的是使我们的企业从一开始就走上一条比较规范的股份制之路，能有一个比较好的公司治理结构。”李荣融的一席话反映了国有企业改制一直在坚守的一个路径选择，即通过境外的资本市场来使国有企业的治理机制得以改造。

但李荣融的这番话其实并没有说完——虽然国资委还在继续鼓励成熟的国有企业到境外上市，但他同时也提倡国有企业回到境内资本市场上来。而中国证监会也在不同场合表明了自己的态度，即在正常情况下，本土企业应该首选本土上市，优质的大型国有企业不要着急“出海”。

一种猜测是，中航油事件的突袭，也使李荣融和国资委对国企改制的态度发生了微妙的变化。因为，从 2005 年年初起，社会各界开始反思国企境外上市改制路径的得失。其实境外上市并不能从根本上解决国有企业的改制问题，因为境外投资者所关心的重点并不全是公司的治理结构，还包括国有企业的政府背景和垄断资源。

不可否认的是，当时的国资委和证监会正面临着两难的境地：一方面是境外上市由于监督机制的乏力和投资者关注点的偏差，致使改制没有收到理想中的效果，比如中航油事件；另一方面随着境内的优质资产都相继跑到境外，境内资本市场的质量难以得到提高。在这两难之下，国企改制路线出现了第二种通道：在保证境外融资渠道畅通的同时，加快了在境内资本市场上的整体上市前的准备。

于是，2005年10月31日，中石油与旗下三家上市公司辽河油田（000817.SZ）、锦州石化（000763.SZ）、吉林化工（000618.SZ，0368.HK）同时发布公告称，中石油将出资62.6亿元回购上述公司的流通A股、H股和美国存托凭证，并终止这三家公司的上市地位。中石油的此番动作，无疑是现金流充裕的证明。而A股市场的股权分置改革也催促中石油加快了整合的进程。但这些都不是关键，关键在于，中石油再次挑起了红筹股上市公司退市的浪潮，并为下一步股份制改造和内地整体上市扫清障碍——尽管这样的目标不会在短期内实现。

值得玩味的是，恰恰此前，中石化已先后“退市”了A股的湖北兴化、中国凤凰和H股的北京燕化，而中石化此举的最大目的就是进行整合重组。更早的时候，2003年5月，上实控股宣布“退市”上实医药科技，同时宣布收购A股公司上实联合56.63%的股权，以一种间接的方式进入内地A股。三个多月后的8月14日，鹏利国际（0268.HK）在香港证券交易所正式摘牌，结束了其作为中粮在香港资本市场上担当地产旗舰的使命。随后的2004年，中粮集团宣布进行股份制改造，并希望在内地整体上市。

实际上，超大国企们这种不约而同地密集动作，并非是历史的偶然；尤其是在“政府影子”的作用下，这些“恐龙们”趋于一致的行为似乎都隐现着国资委的国企改制脉络：相当数量的红筹股上市公司退市的确与回归内地资本市场有关。从20世纪90年代末开始，红筹公司在香港资本市场上就表现出越来越不活跃的状态，它们面临着一个共同的难题：形象不佳、业务链条不清晰、公司整体需要重新定位。与此同时，它们经过多年的发展，当初作为红筹的历史使命正在完成，如融资功能、作为中资公司的窗口作用等。同时，内地资本市场逐渐成熟和发展的趋势，也让它们意识到应该利用资本的杠杆使自己很好地重组整合与回归内地。

如果说这是一条明线的话，那红筹退市无疑还存在着这样一条暗线：随着国资委明确了关于央企的一系列重组战略，红筹股退市又具有了新的意义，即通过重组来配合母公司股份制改造，以期实现或加快母公司在内地整体上市的进程。

这次重组也是国资委对中央国企的最后整合。重组目的是股份制改造，而股份制改造的目的则是为了推进整体上市的战略，从而达到国有资产保值增值的目标。

于是乎，在“大管家”李荣融的领导下，超大国企同时开启了重组整合与国有资产保值增值的一系列动作，隆隆的“央企马达”声声作响，社会为之侧目——我们的痛苦与希望也因此开始复杂地并存着。

所以，让我们记住这样的一个年度吧：2005年。其实，从这一年开始，超大型国企就已经“卷土重来”，并于2010年前后达到一种极致：所谓的“国进民退”。

而在这种变化的背后，实际上也隐藏着超大型国企未来的新走向：分化与再分化。

国家统计局与中国行业企业信息发布中心于2005年9月24日发布的信息表明，截止到2004年年末，2764家大企业集团总资产为19.4721万亿元，比上年增长 14.4%，利润总额则比上年增长 49.5%。而资产排名在前 10 位的企业集团均是中石油、中石化等国有大企业。这 10 家国字头企业集团的总规模达到了 5.2995 万亿元，比上年增加了 4978 亿元。

这组数字再次表明，央企在中国大型企业巨头队伍中的脊梁作用不仅没有被减弱，反而有所增强。但这只是一种表象。我们应当注意到国企的“新变化”，即趋于市场化的股权制度的突破已经在逐步增强企业的竞争力。

从历史发展来看，中国的国企改革事实上已经走过了两个阶段——1993 年以前注重的是“搞好搞活国有企业、发展壮大国有经济”，1993 年后注重的是“国有企业建立现代企业制度”；1995 年则提出“抓大放小”的国企改革战略。目前正在进行国企“第三次革命”，实现的是国有资产“质”的突破——在国资管理体制上突围，明确国资管理权限，并突出其市场属性。其核心是，国家支持具备条件的国有大中型企业重组上市，通过中外合资等多种形式，实现其股份制改革、投资主体的多元化，使股份制成为公有制的主要实现形式。

以中粮集团为例，中粮集团曾经是一家老牌外贸粮油企业，后在 1992 年外经贸领域放开、外贸企业从几百家扩大到几万家的情况下仍持续增长，到现在为止已经把自己的核心业务市场化，并且连续 20 年进入《财富》杂志全球企业 500强。中粮集团取得这样成绩的两个最直接原因，一是通过股权制度的多样化逐步建立现代企业制度和公司治理的规范；二是以市场为导向增强自身业务的核心竞争力。

但不同的市场化程度，又决定了它们之间的“分化”。以 2013 年世界 500 强榜单中的中国企业榜单为例，排名前 10 的国有企业集团业务多分布在石油石化、电力、电信和金融等垄断性领域，但同样身处榜单的中国一汽、中粮、华润等公司的主要业务则分别处于市场竞争十分激烈的领域。

这小小的“不同”并非偶然，实际上反映了国有企业群落现在正发生的一种大变化：“分化”与“再分化”。

在人们的概念当中，不论是国资委的“嫡系”部队，还是地方政府管辖的国企，都以公益属性为自身的主要属性。但随着国企“第三次革命”，国企的“面目”正在发生改变：主要表现在“公益属性”与“市场属性”将出现均衡分布的状况，也就是说，与以前相比其“市场属性”将迅速加强。这部分国企依然享受政府政策资源扶持，但政府所给予它们的政策支持将有别于先前的“垄断照顾”，而转向为产权方面更具市场趋向的政策“放行”。在这种思路下，国企通过大规模的打破垄断、吸引战略投资或重组，打造自己的核心竞争力，争取成为行业前三名，并树立国企“权威”。

当两种属性出现不平衡的时候，“分化”的趋势进一步明显：核心竞争力体现“市场属性”的现代新国企（或者是“竞争性国企”）和核心竞争力体现“公益属性”的战略性国企。

就现代新国企而言，它们能够从有垄断资源优势基础上的竞争主体开始蜕变成具有市场导向的新竞争主体，并有意识地实现产权制度上的突破，期望从根本上突破国有企业的经营管理困局。这无疑为竞争性领域的国有企业再造和改革提供了一种新路径的选择。

一个大的趋势是，随着国企竞争力的再造和“分化”，中国正在步入一个四强力量竞合①的时代：现代新国企（“竞争性国企”）、民营企业、跨国公司和战略性国企这四种力量左右经济结构调整和行业结构调整的时代。

---

① 竞合：即竞争与合作，但更强调合作的重要性。

谁是现代新国企——现实的“丰满”与未来的“骨感”

新国企既存在着“范本的力量”，同时依然面临着不少难题：如何在产权制度和企业管理两方面获取全球竞争力。新国企的体制性障碍也依然存在，比如还没有抛弃“官办企业”的组织文化特征，还没有完全建立营利组织的市场竞争导向文化，经营管理团队还不能完全由董事会自由聘任和解聘。更重要的是，政府对它们的直接干预还在影响着它们的未来。

——韦三水，《北大商业评论》

一篇在互联网上流传甚广的《基于产权制度视角的新国企研究》的专业论文这样写道：

从现有文献来看，最早较为正式述及“新国企”一词的是韦三水。早在2003年4月初，作为《今日东方》主笔的韦三水发表了《新国企群落——三国鼎立时代的到来》一文。该文比较正式地述及了“新国企”（新型国有企业）一词，并将新国企与大型民营企业、跨国公司并驾齐驱。韦三水认为新国企群落可划分为两类：一类是在竞争中壮大的市场化新型国企，如海尔、TCL、长虹；另一类是传统的新型国企，如华润、中粮、中石化、中联通、一汽。不管是市场化新型国企还是传统的新型国企都基本具备了现代企业的共性：明星级企业领袖、鲜明的企业形象、现代公司治理结构、完整而清晰的产业链条、良好的融资渠道、初步的跨国战略、行业领导者。文章认为，除了保留国有控股权不变外，新型国企的新目标已经和任何民营、跨国公司没有什么两样。

2003年4月6日，国资委在北京正式挂牌，这标志着近10万亿国有资产将面临重大的监管变革。与《新国企群落——三国鼎立时代的到来》一文一同发表在同一期杂志的，还有笔者当时和南开大学博士后吴先民先生一起商榷并郑重邀请其写就的文章《新国企破题》。这篇文章提出，新国企主要“新”在以下五个方面：一是市场化生存方式，二是顾客导向的经营理念，三是明晰的经营战略，四是勇于创新的企业家精神，五是建立了新型的企业文化。我们认为，“新国企”现象促使外资、国有资本与民营资本三种资本力量的竞合，有利于中国经济结构的调整。

上述的专题文章引发了一场涉及学界、企业界、政界的关于“国有经济（国有企业）在中国何去何从”的辩论。《基于产权制度视角的新国企研究》一文继续写道：“由于正值‘十六大’刚刚开完，新一届政府走马上任之际，加之中国于两年前加入了WTO（世界贸易组织），既需要逐渐兑现WTO承诺，更需要紧锣密鼓地与国际接轨，因此，这场辩论比之以前的类似辩论具有了更务实的、更深远的意义。几乎在同一时间，李震中、剧锦文等学者也提出‘新型国企’的概念。”

接下来的几年里，笔者相继在《第一财经日报》《北大商业评论》《中欧商业评论》等重要财经媒体上，发表了一系列关于“现代新国企”的文章，同时在2006年通过《宁高宁空降北京前后的中粮命运》这部财经著作相对系统地阐释了“现代新国企”这一观点和相关理论，再次引发业界的热议。

其中，在现代新国企这个新生的央企群落中，笔者一直以贸易型央企群落的蝶变为核心样本，比如：中粮集团、华润集团、中国五矿集团以及中化集团，等等。它们与共和国几乎同龄，生于僵化的计划经济体制之下，在新中国被“封锁禁运”的情况下，为各项建设发挥了不可磨灭的作用。然而随着国门的逐步开放，外贸领域也逐步放开，初期享有各种专属的外贸进出口特权的外贸央企业务受到了巨大的挑战。它们中的一些倒在了打破外贸垄断的改革路上，剩下的一些则历经种种痛苦、磨难得以存活，痛定思痛后开始了更为痛苦的转型。这些外贸型央企有过盲目扩张，有过失败彷徨，很多也曾在濒死边缘徘徊，最终才得以走到今天。这个群落大都会经历一个“第二次创业”、“重生”、“再造”之类的名称各异却实质相同的再次定位的过程。因此，它们不仅经历了其他国有企业所经历的全部改革历程，甚至也经历了其他类型企业尚未经历过的阵痛，如外贸领域的突然放开，业务的骤然丢失，等等。

由于外贸领域流通的特殊性，改革开放之后，外贸企业首当其冲，第一批走出了国门，开始了中国企业的国际化之路，为后来者提供了“走出去”的丰富经验和惨痛教训。外贸型央企群落是整个国有企业群体的缩影，也是中国经济体制改革和国企改革的缩影。透过它们，我们可以看到国有企业的“前世今生”，这对于国企改革未来方向的探讨，或许会有一个重要的参考意义。

但现代新国企究竟“新”在哪儿？一个企业是否具备以下本质特征决定了其能否成为现代新型国有企业：从单纯的资源优势到综合性的市场优势；从以公益性为主到以市场性为主、兼顾公益性；同时也始终有一个核心的灵魂人物扮演着“舵手”的角色，通过其推动与影响重新激活企业的文化力和领导力，同时使企业的战略确定和战术执行更加清晰有力。这就是笔者所认为的现代新国企。当然，这一切的背后还有体制上的突破和努力的结果，即寻求股权多元化，以混合所有制模式来激活和影响企业的再造与转型。

第一，由于产权结构变化的滞后，中国老国企基本走的是一条扭曲的道路。但国际范围内企业竞争的本质是企业制度的竞争。而透过中粮的历程，我们不难发现其一方面通过引入各种资本来推动股权多元化，另一方面则通过重组资本平台打造一系列公众型公司，以期促进公司治理结构的调整和价值的实现。

笔者在著作《宁高宁空降北京前后的中粮命运》中，曾对华润集团的转型与再造有过论述。早在20世纪90年代初期，老牌外贸央企华润就向国务院的主要领导提出这样的想法，即通过华润在香港的地位，引入国际金融资本或产业资本来逐步实现以华润为主体改革国内的企业，从而为国企改革服务。这个想法获得了支持。于是，华润通过资本市场的注资套现、分拆上市、收购合资以及参股转让等方式，使自身的资产规模和资金实力获得成倍的增长。仅举一例可见其效力：从1992年到1997年短短的5年里，华润系上市公司的税前利润就增长了13倍，营业额增长了23倍，并据此拥有了600个亿的市值。而现如今，华润的市值更是高达上千亿，营业额也过了千亿。正如华润前董事长陈新华所言，“华润是国家控股公司，是国有企业。既然是国有企业，就要改革。重点是在国有控股的前提下，积极推进股份制改造，发展混合所有制经济”。因此，到2003年的时候华润就已经形成了这样的股权结构：全资、控股和参股。这样做的好处是，一是可以用相对少量的钱控制更多的资产，可以快速进入想进入的领域；二是在不改变国企性质的前提下提高国有资产的运营能力，实现产权多元化，完善法人治理结构，逐渐做到经营权与所有权的分离。比如，华润与SABMiller啤酒合作所成立的华润雪花啤酒公司（前者占51%股权，后者则占49%股权），目前就已经做到了中国市场产销量第一的位置。这样的例子其实还有很多。而通过中粮故事也不难发现，其食用油和葡萄酒等业务，都与各种资本形成了某种合作，而通过控股蒙牛乳业、进军乳制品行业，更是表现出中粮等新型国企在资本运作和产权突破方面的努力。

第二，企业内部都始终有一个具有鲜明的职业经理人精神与企业家创新精神的“舵手”来主导并推动着持续的再造和转型，并通过这种持续的再造和转型来激发出企业的领导力、创新力、战略制定能力与战术执行能力，从而构筑了不可复制或者难以复制的竞争力。

在《谁人不识宁高宁》一书中，笔者曾提到：连续做过华润和中粮两家重量级央企“舵手”的宁高宁最最核心的亮点就是，一直矢志不渝地在央企里推行职业经理人精神，也即信托责任。与其说宁高宁是一位资本和产业整合高手，还不如说其是职业经理人精神的超级推销员。众所周知，关于宁高宁的一个很形象的比喻就是“放牛娃”。他说，我们的老板是国家，我们替老板来看好、用好财产，希望其能够增长。我是放牛的，牛不是我的，我不能把牛杀了，但是我也希望能通过放牛过上好日子。宁高宁是想通过这个活生生的比喻界定一个职业经理人和股东的关系。实际上，宁高宁的“放牛娃”生涯也始终体现着职业经理人精神与价值，而其在华润集团和中粮集团的 20 多年职业生涯就是最好的写照。

1983 年，宁高宁从山东大学经济系毕业，随即作为美国福布莱特（Fulbright）基金会资助的第一批中国留学生，被选送到美国读 MBA（工商管理硕士），主修财务。1986 年，宁高宁学成归来，并进入华润集团后，开始从最基层做起。几年后，华润集团抱着试一试的心态，请宁高宁主持改造旗下一家上市公司永达利。结果宁高宁在这个近乎“烂摊子”的项目上为集团赚回 4 亿多港元。1992 年，华润注资永达利，并将其改名为“华润创业”，年仅 34 岁的宁高宁也成为华创的董事总经理。出于一种特别的激情与使命感，宁高宁在华润一干就是

18 年，其中的艰辛可想而知。但宁高宁没有轻易放弃自己的使命。用他的话说，这种使命就是“为国有企业改革趟出一条路，试出一种成功模式，不要在我们手上弄砸了”。1999 年前后，宁高宁出任华润集团副董事长兼总经理。之后，宁高宁不仅实施了以“6S 管理体系”[①]为核心标志的“宁氏新政”，并在 2001 年前后提出了“面向内地、再造一个新华润”的大胆主张，从而在中国内地的资本市场上刮起了“华润旋风”，而宁高宁本人也开始全面走入公众们的视线中。5 年之后，成绩斐然：截至 2006 年 12 月 31 日之财政年度，华润集团业绩再创新高，总资产达到 1578 亿港元，营业额达 913 亿港元。这些成绩的取得显然与宁高宁和华润集团多年来积极调整企业战略、不断推进专业化和加强竞争力的努力分不开。这个时候的华润集团已经成为一个名副其实的产业帝国：旗下拥有 4 家上市公司、17 个一级利润中心。

宁高宁来到中粮的几年时间里，所做的最核心的一项工作就是使中粮集团成为“一家很整体的公司”，有共同的发展战略、有清晰的商业模式、有一致的沟通语言、有有效的考评体系，更要有一致的职业经理人精神与价值观。当然，他并没有简单地去说教，而是寓思想于行动之中。比如，按照多年的习惯，中粮一般会在每年 3 月召开中层干部大会并进行全年的工作部署。但宁高宁上任后，中粮这一工作会议从 2005 年开始则成了“别开生面的经理人培训会”。宁高宁的意图是将国有企业的干部培育成一批“具外资企业特质的职业经理人”。于是，就连企业家王石先生也表达了对宁高宁的钦佩之情。他说：“作为企业领导人，应

① 6S 管理：现代工厂行之有效的现场管理理念及方法，即整理（Seiri）、整顿（Seiton）、清扫（Seiso）、清洁（Seiketsu）、素养（Shitsuke）、安全（Security）。

该如何‘从团队第一、集体力量、凝聚人心开始，营造一个环境，营造一个文化，来推动管理体制、机制进一步改革和优化’，宁高宁在这方面的探索，对我颇有启发。”

另一个典型的例子则是招商局集团和其“舵手”秦晓。应当说，招商局集团是特别优异的——2012 年，招商局实现利润总额 263 亿元，比上年同期增长 11%。早在 2006 年之时，招商局集团的总资产已经达到 973 亿元，若合并招商证券，则高达 1140 亿元。之后几年，招商局集团又开始了“新的再造工程”的计划，目标是到 2011 年，集团的净资产、净利润及收入在 2006 年年底的基础上再翻一番。可谓雄心壮志。而到 2011 年，招商局集团的实际总资产为 3416 亿元，管理总资产 2.96 万亿，远远超出了 5 年前所设定的目标。而这一切似乎都离不开秦晓的作为。这是一位学识渊博见解高远的企业家领袖，是央企群落中实属难得的具有企业家思想的企业家。尽管秦晓同时也承认，招商局集团的国际竞争力还需要加强，商业模式还需要创新，但经过几年的整治和发展之后，招商局集团的管控制度、财务模型、资本积累、企业文化等一整套内部体系，都已经进入一个良性循环阶段，而未来 5 年，也将是该集团主业板块借助经济大势而雄起的战略机遇，比如港口、航运、物流、公路等。

第三，现代新型国企的一个根本特点是已经成为具有市场导向的新竞争主体，这有别于非市场导向或者是基于绝对垄断资源优势基础的竞争主体。比如，中粮集团就是经历了从绝对垄断资源优势型企业到市场充分性竞争型企业的转型与再造，并最终成为现代新型国企。而现代新型国企的这个根本特点也在很大程度上决定了新国企在属性层面的进一步“分化”的可能。而除了属性界面上的分化可能性之外，战略本质的差别也会导致国企的进一步分化。

第四，全价值战略成就了现代新国企的共通性与差异性。一个有意思的历史现象是，2010年与2011年间进行国内外较大规模投资并购案例的主体基本是由商贸类央企所蜕变和转型再造而成的现代新国企，它们具有“以市场化导向为核心、充分发挥市场属性，但兼顾公益属性”的共通性。在笔者看来，现代新国企转型，尤其是商贸类央企的转型，大致奉行“全价值链战略”，即如迈克尔·波特（Michael Porter）所言，在产业集群趋势下打造产业链竞争力。但尽管都奉行“全价值链战略”模式，不同企业具体规划和路径大致可以分为三种情形：纵向型全价值链战略模式、横向型全价值链战略模式以及混合型全价值链战略模式，尽管这种全价值战略同时也面临着很大的挑战和风险。

其中，所谓的纵向全价值链战略模式，简单地说，就是依托自身固有的流通或贸易优势，向中游的生产领域以及上游的原材料领域进行延伸，从而实现上、中、下游的全价值链模式。这类的典型企业就是成立于1952年的中粮。而所谓横向型全价值链战略模式，即在保留固有流通或贸易优势的同时，以市场化的手段涉足新商业领域，并通过一系列方式将企业做成该领域的领导者或领先者，最终形成在多个新商业领域领先的态势。说简单些，该类型的企业并不满足于在单一产业领域纵向深挖，而是寻求多个产业领域的纵向深挖，也即通常所说的“多元化”。这类战略模式的最典型企业当属华润集团。至于混合型全价值链战略模式，即上述两种模式兼而有之，既有横向的涉足，同时又有纵向的深挖，也就是专业化＋多元化。而这种类型的企业最典型的就是中国五矿。

当然，上述三种战略模式，其中还有一定的交叉，即某一企业以纵向型全价值链战略模式为核心和主体的同时，还有一定的横向型的业务或业务群，只是并没形成全价值链态势而已——这样的态势，很大程度与该企业历史遗留下的资产有关。因此，无论是哪一种战略模式，央企尤其是商贸类央企在业务战略上还有一个明显的共通性，即“相关多元化”。但随着转型与再造进程的加快，这样的态势终究会得以改变，即“分化与再分化”——即使在纵向型全价值链战略模式下的企业，彼此之间也有所不同，而区分这种不同的核心标志在于，企业主要控制或占据整个产业链的哪部分资源环节（上、中、下游等），是否拥有多个上市公司，形成了资本市场上的“系”。

但现代新国企大张旗鼓地进行全价值链战略，也在很大程度上影响着央企转型与再造的最终效果。当然，关于央企是否涉嫌再次集中于一般性竞争领域并有可能带来新的市场竞争垄断和不公平，则是另一个非常值得深度讨论的话题，比如中粮集团通过投资蒙牛进而进入乳制品行业。

不过，现实很“丰满”，未来可能很“骨感”，这是笔者对现代新国企未来前景不确定性的一种形象比喻。无论是中粮集团、华润集团，还是招商局集团或者中国五矿、中化集团等，皆是现代新国企的“范本”。但既然是“范本”，肯定也同时存在着“批判”，即既有肯定褒扬也有忧虑担心。因为，现代新国企所面对的难题依然是：如何在产权制度体系和企业管理体系两方面获取全球竞争力。因为它们的体制性障碍依然存在。比如还没有抛弃“官办企业”的政府组织文化特征，还没有完全建立营利组织的市场竞争导向文化，经营管理者团队还不完全由董事会从市场上选择并进行自主聘任和解聘，更重要的是，政府对它们的直接干预以及“特殊保护”程度如何也在影响着它们的未来。

比如，秦晓此前所领导的招商局集团必定还有很多的挑战和问题，成功只能是暂时的，要使招商局集团做到“另一个百年”，就必须不断地创新和突破。而其地处的香港与深圳的“地缘政治与文化”无疑为其继续成长提供了有别于中粮集团等新国企的“土壤”。

再比如，宁高宁在中粮董事长任上还能停留多久？而其所停留的时间长短在很大程度上决定着这家央企能否继续保持如今被激活的文化再造力、领导力以及战略力和执行力。

其实，现代新国企始终存在着一个无法回避的悖论，即在国有体制下，企业的领导人都是官方任命的，而非经董事会真正选取的，但现代新国企的出现恰恰与一个强势、有魄力的领导者的大胆创新、改革和引导密不可分的，一旦没有了领导人的相对持续长久的创新、改革和引导，现代新国企的发展就有可能会出现战略制定和组织文化不稳定的状况。

同时，现代新国企的不确定性还依然体现在股份制改造究竟能在多大程度上取得历史性的突破，这决定着产权结构和公司治理结构等多个界面的效果。

此外，人们对国有企业是否可以大举进入竞争型领域，以及对国有企业正在演绎“国进民退”浪潮的担心，等等，都会影响着现代新国企的下一步走向。

但可以肯定的是，不管它们的未来前景如何，至少它们曾“死去活来”过。而对它们“死去活来”的历史进行还原，有助于加深我们对这些央企大鳄们的真实面目的了解、认知。

最起码，我们应该知道：它们的身上还依然戴着一种“镣铐”。它们还需继续做出实质性改变，无论是主动还是被动。

中 篇

穿越历史迷雾

第三章　它们曾为谁而战

支撑——战争年代的“潜伏者”

它们生于何时、何地？为谁而生？又为谁而战？它们的历史本来面目究竟是什么？

1931年，上海。受周恩来的委托，时任中共特科负责人的陈云将两根金条交给了一个20出头、刚刚加入共产党的年轻人。这个年轻人叫秦邦礼，当时的中共中央临时政治局负责人秦邦宪（即博古）的弟弟。伴随着两根金条，秦邦礼还有一项重要任务：用这两根金条作为资本，以开店做掩护，采购急需的物资，如当时被国民党严密控制的无线电、药品等。可能此时的周恩来和陈云都没有想到，这两根金条将会带来怎样重大的影响。

1938年，在香港当时最繁华的商业街皇后大道上，一个叫联和行的公司挂牌成立。除总经理杨廉安（即秦邦礼）外，小小的联和行仅有杨廉安的夫人黄美娴和一名实习生。联和行的设立表面上是为了团结香港及海外支持抗战的民主人士，接受和保管各界抗日捐款和物资，实际上是以贸易做掩护，联络同情我党、支持抗战的海外华侨，接收、保管华侨的部分捐款，并为根据地筹集经费，采购急需的各种物资和药品。

日后在中国商界赫赫有名的超大型央企——华润集团的外贸历史也由此拉开了序幕。

1948 年春，联和行与设在朝鲜半岛的朝苏船轮公司达成协议，租用该公司货船运送大连、烟台与香港间的往来物资，打通了解放区和香港之间的贸易通道。东北、山东解放区的大豆、人参、药材、猪鬃、皮货等农副土特物陆续由联和行运至港澳市场卖出，然后为解放区买入急需的五金、钢材、西药、轮胎、汽油、麻袋、印钞纸、通信器材等物质，支援了解放战争。官方的说法是，从抗日战争到解放战争，即使在最艰难的时期，华润公司始终心系建立新中国的伟大事业，千方百计突破封锁采购和运送根据地和解放区急需物资，并在 1947 成功打通了香港至东北的贸易通道。1948 年至 1949 年，他们成功地接送了 4 批民主爱国人士，从香港赴北京参加新中国第一届政协会议，共商建国大计，保证了政协会议的胜利召开。

1932 年秋，与陈云交给秦邦礼金条相隔一年左右，刚从上海总商会商业补习夜校毕业的卢绪章同另外两人筹措 150 法币，设立了一家名叫“光大行”的公司。从此，另一家新中国成立前最重要的企业在上海诞生。“光大行”后更名为“广大华行”，它是上海地下党活动的一个重要据点，直接受周恩来领导，是中央直属秘密机关。广大华行及其子公司都在地位显赫的外滩亚细亚大楼办公，卢绪章作为该行董事长兼总经理，在上海已经成为颇负盛名的实业家。后来，卢绪章被称为“与魔鬼打交道的人”，他实行“与狼共舞”的策略，交往的均是国民党政要、权贵，与陈果夫称兄道弟，坐的是豪华汽车，出入纸醉金迷的场所，佣人成群，俨然是一个大资本家做派。因为只有这样的做派才能混迹于国民党的政经圈内，壮大广大华行，他数次被怀疑为共产党员却屡屡化险为夷。

就是这样在敌人的眼皮子底下，广大华行为早期中共开展活动筹措了大量的资金，成为新中国成立前我党最大的企业。

而上海解放后，当卢绪章穿上那身真正属于他的军装时，他毅然将财务全部交公，一无所有，重新开始，去新成立的中国进出口公司（中国众多贸易型央企的母体）任总经理，为建国初期的外贸事业作出了重大贡献。

当我们翻开上海档案局封存已久的广大华行原始档案，谁又能从这些泛黄的经营账簿中看出曾经我党活动的蛛丝马迹呢？

1948 年，联和行进行了改组扩大，更名为“华润公司”，公司设在香港中环毕打街毕打行六楼，并于 12 月 18 日正式挂牌，钱之光先生为华润公司首任董事长，杨廉安依然任总经理职务。

曾经担任过该集团副董事长兼总经理宁高宁的诠释说法是，之所以称为“华润”，是与毛泽东的字“润之”大有关系。但官方的正式说法是，华润之名，蕴含着“中华大地，雨露滋润”之意。70 年前的华润集团，名字还叫联和行，在香港中环一个不起眼的小阁楼里挂牌成立，还只是一间只有 3 个人的小商号。

据记载，从 1952 年起，直至 20 世纪 80 年代中期，华润公司一直是中国进出口贸易公司在港澳及东南亚的总代理，成为新中国与世界贸易沟通的第一道桥梁。

华润总代理地位的确定，在华润的 70 年大历史中起到了非常重要的作用。这一地位的确定是三次机构合并的结果。

根据华润集团董办的高级信息员朱虹波所写的“华润史话”的有关文字记载，第一次合并发生在 1949 年的 3 月。根据周恩来的指示，党所领导的另一间贸易机构——广大华行下属的南洋商业银行、民安保险和广业置地公司划归华润领导，加之原有的华夏公司和天隆行，华润共有 5 间公司。

华润的第二次合并发生 1952 年。新中国成立初期，中央系统、华东系统和华南系统相继在香港设立了 16 家公司。这一年的 10 月，中央办公厅决定将华润公司划归中央贸易部直接领导，中央贸易部也就是后来的外贸部和外经贸部。同年，中央贸易部将在港的这 16 家机构进行了归并。以港销为主的土产、食品业务分别划归德信行和五丰行经营，其余进出口业务划归华润公司经营，金融业务划归银行线领导，航运业务则由华夏公司经营，并明确规定华润公司是中国各进出口公司在香港的总代理。

第二年，即 1953 年，华润进行了第三次合并。中央贸易部将设于广州的南洋贸易公司归并华润，由南洋贸易公司领导的五丰行、德信行同样一并归属华润公司领导。

经过连续三次的合并，华润的实力明显得到了进一步的壮大和巩固。到 1954 年，新中国驻港贸易机构已经全部划归华润公司实行集中领导、集中经营。一个超级“垄断”的贸易巨头俨然初具规模。

期间，华润公司于 1952 年开始对陆续划归来的公司与原有的业务机构进行了重组，并组建了进口部、出口部、运输部、资料室、经理办公室和财务部等部门。其中，进口部设五金矿产组、机械仪器组和化工组；出口部设土产、矿产、食品、什品、丝绸、茶叶、粮油、畜产 8 个组。而进口部和出口部的业务则分别与北京的进口大楼和出口大楼的各公司的业务形成对口。

同时，为了进一步发挥总代理的作用，华润公司按照专业化经营的原则，还相继成立或控股了一些公司，比如，1958 年因增持股权成为华润下属公司的中国国货有限公司、1964 年在原轻工部基础上成立的华远公司和同年成立的大华国货有限公司、1966 年通过增持股权而成为华润下属公司的中艺（香港）有限公司以及同年设立的中国广告有限公司等。这些公司后来也陆续成为与其业务对口的内地进出口总公司在港澳地区的总代理。

而在整个抗美援朝期间，华润公司积极为内地购运大批军需物资，开展反封锁、反禁运的斗争，积极开展对东南亚地区的贸易，并取得显著的成绩。

1952 年 11 月，华润公司迁址中银大厦 9－11 楼办公，承担了国家所赋予的中国各地进出口公司在港澳及东南亚的总代理地位的重任。

或许当时的创办者们根本无法想象，当年的两根金条、150 法币，仅有 3 人的小商号联和行、3 个人创办的广大华行等一系列红色企业，在历经半个多世纪的沧桑积淀后，已经成长为坐拥上千亿资产规模的超大型央企，并在地产、零售、纺织、啤酒饮料等多个领域影响着中国老百姓的生活。

相对于这些嫡系，肇始于洋务运动时的轮船招商局——如今的招商局集团的经历则更为传奇。

1949 年 9 月 19 日，经过缜密的计划，海辽号轮船长方枕流在从香港赴汕头途中起义，经过伪装和九天九夜的航行，驶入了中国东北港口大连。

随后，毛泽东复电祝贺海辽号起义成功：庆贺你们在海上起义，并将海辽号驶达东北港口的成功。

这是中国共产党地下组织直接领导的第一艘海轮起义。之后，在海辽号的号召下，起义的海员驾驶着船舶，冲破了美国和国民党的重重封锁回到大陆，并开辟了华南沿海运输线。

1950 年，起义后不久，招商局成为中国在香港的全资国有企业，并于之后在深圳蛇口创办了中国第一个改革开放的工业园区——蛇口工业区，创办了中国第一家股份制商业银行——招商银行，创办了中国第一家股份制保险公司——中国平安保险。

多年前那场轰轰烈烈的招商局起义，拉开了今日一个超大型央企——招商局集团崛起的序幕。截至 2013 年年底，招商局集团的利润总额在央企中排名第 10 位，管理着 4.42 万亿的总资产，俨然成为一艘影响中国经济发展的巨型航空母舰。

突围——在贸易封锁中自强不息

1949 年 10 月，中央政府即设立了中央贸易部，内设国外贸易司管理新中国的对外贸易，1952 年又专设了对外贸易部。在中央贸易部和对外贸易部的统一领导下，先后组建了地方对外贸易管理机构，确立了国家对对外贸进行统一管理的机构体系。

——《中国经贸五十年》

1950 年，对于新中国来说，是极其复杂的一个年头。

在这年的 5 月 1 日，中共中央发出《关于在全党全军开展整风运动的指示》（以下简称《指示》）。《指示》指出，这次整风运动是为了克服党内存在的思想作风不纯问题。主要是领导干部中的居功自傲情绪，命令主义作风，以及少数人贪污腐化、政治上堕落颓废、违法乱纪等错误，密切党和人民的联系。这次整风的重点，是各级担负领导工作的党员干部，而主要方式就是阅读指定文件，总结工作，分析情况，开展批评与自我批评。之后的 6 月 14 日至 23 日，中国人民政治协商会议第一届全国委员会举行第二次会议，拉开了全国土地改革的序幕。

与国内的形势相比，国外的形势要严峻得多。6 月 25 日，朝鲜战争爆发，以美国为首的帝国主义阵营的坦克大炮开到了朝鲜，一时间朝鲜半岛的战争局势牵动了世界，并危及到了新生的中华人民共和国。

10 月 8 日，中央人民政府革命军事委员会主席毛泽东向彭德怀、高岗、贺晋年、邓华、洪学智、解方及中国人民志愿军各级领导发布《关于组成中国人民志愿军的命令》。10 月 19 日，首批中国人民志愿军部队跨过鸭绿江，开赴朝鲜战场作战。

这个时候的新中国除了面临着以美国为首的帝国主义阵营的枪支弹药的军事霸权挑战外，同时也面临着“封锁禁运”的经济霸权的挑战。

第二次世界大战后，西方国家采用“封锁、禁运”的办法来威胁并企图阻挠社会主义国家的经济建设，以达到扼杀社会主义制度的目的。1949 年 11 月，美国等 14 个资本主义国家在巴黎成立了对社会主义国家实行“封锁、禁运”的组织——巴黎统筹委员会。从 1950 年起，美国和其他资本主义国家对我国实行了疯狂的“封锁、禁运”政策，并在朝鲜战争爆发后变得更加疯狂。

根据史料记载，1951 年 2 月 1 日，联合国大会通过了美国所提出的诬蔑我国为“侵略者”的非法决议案，并于 16 日成立了以美国为首的专门对中国实行经济制裁的“额外措施委员会”。5 月 18 日，美国操纵联合国大会通过对中国和朝鲜实行“禁运”的提案。8 月，美国国会又通过了臭名昭著的“巴特尔法案”，要求各受“美援”的国家严格执行“禁运”政策。在美国的拉拢和压服下，到 1953 年 3 月，对中国实行禁运政策的国家共有 45 个。而 1952 年 9 月，巴黎统筹委员会增设中国委员会，作为执行禁运政策的专门机构，并制定了封锁中国的“特别货单”。至此，西方对中国的“封锁、禁运”，无论从行动上、策略上，还是组织上都趋于完善。

在“封锁禁运”的外部形势影响下，新中国的刚刚萌芽的外贸工作一时间处于非常严峻的局面。怎么办？时任政务院总理的周恩来开始亲自领导并部署制定对外贸易工作方针以及反“封锁禁运”的斗争策略：1950 年 3 月 10 日，中央人民政府政务院第二十三次政务会议通过《关于统一全国国营贸易实施办法的决定》，其中就规定，在中央人民政府贸易部领导下，设立全国范围内贸易专业总公司。由此，全国一大批外贸央企如雨后春笋般显现，并渐渐形成一股庞大的外贸央企群落，为新中国的贸易事业开创了新的局面。

1950 年，《天津日报》刊登了这样一条启事：中国进口公司于 3 月 10 日在天津市成立，依据商品种类，下辖多家专业进口公司，后分立为中国进出口公司（主营对资业务）和中国进口公司（主营苏新业务）。面对严峻的封锁局面，直接从资本主义国家进口显然是不可能的，中国只能“绕着弯”做生意，而当时的香港就是大陆和外界的贸易中转站。由于此时国民党并不清楚华润公司归谁所有，因此华润得以在建国初期的对外贸易中发挥巨大的作用。而伴随着 1950 年开始的国外形势的巨大变化，以及“封锁禁运”政策的开展，中国就更需要华润挺身而出，投身到积极抗争的事业当中去。

当时的华润已非昨日。就是在 1950 年这一年，华润与怡和洋行达成华润成立以来最大的一笔出口生意，即 100 万吨大豆。而华润的前身联和行从当初的两三万港元、从业人员只有 3 名起家，到 1950 年的时候，已经有职员 20 多人，进出口额达到 5000 万美元。

不能不说，在长达 30 年的总代理的日子里，华润坚实地履行了历史所赋予的职责，保证香港市场供应，协助内地制订对港及海外出口计划和扩大出口，衔接货源并建立销售网络，20 世纪 70 年代，经华润的对港出口总额已达 700 亿港元。同时，华润广泛地与世界各国加强贸易联系，进口内地所需商品，赚取外汇，为计划经济年代的中国外贸事业作出了重要贡献。华润立足香港，稳健经营，建立了卓越商誉，在壮大自己基业的同时，又处处体现了对香港和祖国的承担。

1955 年，依据“苏新资（苏联、东欧新民主主义国家和资本主义国家）合一，进出口兼营，以业务为对象，按商品分工”的原则，中国进出口公司和中国进口公司打乱了原有分工模式，分出了多家公司：机械公司，仪器公司，技术公司，外贸运输公司，五金矿产公司，以及轻工、工艺、粮油、纺织品等10多家公司。自此，贸易型央企群落正式摆脱母体，独立登上了中国历史的舞台。它们中的许多公司至今仍然活跃，并已经成为一艘艘巨型的“航空母舰”。

此时，一家超大型央企的前身浮出水面，那就是中国矿产公司，即今日的中国五矿集团公司，简称中国五矿。

说到这家日后央企大鳄的草创时期，不能不谈及一位相当重要的历史人物，那就是商广文。

1950年3月16日这一天，时任中央贸易部外事司处长的商广文，应召来到该司司长林海云的办公室，并被告知：根据在几天以前举行的政务院第二十三次政务会议上所通过的决定，部里决定将矿产贸易领域的中国矿产公司的组建任务交给他，并要求他务必迅速将业务开展起来。

对于部里的这种决定，商广文并不感到意外。因为他不仅在大学学的是采矿专业，对矿产熟悉，而且他实际上已经在做矿产贸易方面的工作。据史料记载，商广文曾于1949年的12月去江西组建了赣州钨矿贸易公司，第二年元月就开始向苏联出口钨砂。

同时，商广文也是老革命家了。他1904年出生，1930年考入山西大学工学院，1938年来到解放区，并在薄一波领导的三公署工作，曾负责筹建一个水晶大队，后来加入抗日决死队，并参加国著名的百团大战、解放临汾等战役，历任供给股长、处长等职。全国解放后，商广文还筹建过上党煤铁公司。

因此，无论是从资历、经验还是政治可靠性等方面，商广文都是筹建并负责中国矿产公司的头号人选。

于是，1950 年的 4 月 7 日，中国矿产公司正式开始办公。

中国矿产公司成立初期有 20 多人，这些人有的是部里从山西抽调来的，有的是从北京招来的，还有的是从过去的国民党资源委员会过来的。边学边干有激情是当时这些人最好的工作写照，而新中国的铁砂出口交易等贸易也恰恰从此开端。

根据国家的要求，这家公司一方面积极发展对苏联、东欧和朝鲜等社会主义国家的经济合作和贸易关系，甚至将对苏出口交货视同政治任务。根据《五矿五十年》的记载，1950 年供苏 4200 多吨炼锡，数量大，任务重，公司及所属昆明分公司一道想方设法按时交货，周恩来总理曾为此于 1951 年 1 月 27 日颁发了“表扬令”予以表彰。据统计，中国矿产公司对苏联及东欧国家的贸易额在进出口贸易总额中所占的比重高达 80%以上。

另一方面，中国矿产公司和中国五金电工进口公司也利用西方国家和亚非国家的利益矛盾，通过广泛开展同这些国家的交往，促进贸易关系和国家关系，争取进口或转口更多的急需物资，打破“封锁禁运”。

这里所提到的中国五金电工进口公司，是于 1952 年 9 月 1 日成立的，主要经营对苏联、东欧各国的钢铁、有色金属压延材及制品、电工电讯器材等商品的进出口业务，后来业务一度扩大和延展，并更名为中国五金进口公司。

直到 1961 年 1 月，根据当时对外贸易部的指示，该公司和中国矿产公司合并，称为中国五金矿产进出口公司。1965 年 8 月，再次更名为中国五金矿产进出口总公司。

至此，中国五矿的名字沿用至今，并为日后的中国五矿集团奠定了基础。

中国五矿同样为新中国的自力更生开创了贸易局面。

周化民，曾在 1952 年 11 月至 1956 年 10 月间担任中国五金进口公司第一任经理，被认为是中国五矿开山的第一掌门人。

出生于河北省任丘县曹庄的周化民，是一位高级知识分子。1934 年到 1937 年间在国立北平大学法商学院上大学，通晓英文、日文。卢沟桥事变爆发后，尚未毕业的他投笔从戎，来到华北抗日根据地任冀中军区政治部干事，之后曾先后当过专署贸易秘书、主任和行政公署工商厅副厅长、厅长。全国解放后出任太原市工商局局长，之后升任山西省省府委员兼省工商厅厅长。由此可见，周化民是一位又红又专的贸易专才。

就是这样的一位才子，掌舵新生的中国五矿公司。周化民后来的回忆称，当时且正值新中国实施国民经济的第一个五年计划之际，可谓是百废待兴、物资紧缺，尤其是钢材、有色金属缺口很大。公司又刚刚建立，人才也不足，因此挑战很大。但中国五矿公司最终还是圆满完成了国家和组织所交代的各项任务，尤其“在供应国家重点建设项目的需要上起到了重要的作用”，功不可没。

据史料记载，在新中国实现国民经济第一个五年计划的时间里，中国五矿共进口钢材 386 万吨，占同期国内钢材产量的 40%，进口各种有色金属 21 万吨，满足了国家经济建设的需要。特别是在 1956 年，中国五矿还第一次向国际市场上出口了一批质量完全符合标准的钢材，为日后的钢材出口打下了一个基础。

时隔两年后的 1958 年，全国上下展开了轰轰烈烈的“大跃进”运动，全民大炼钢铁之风刮起，这成为新中国历史上难以抹去的一种印记，悲壮而伤感。

但就是在这一年，毛主席勉励要把五矿商品出口搞好。据《中国五矿报》文字记录，一位名叫雷兰弟的人回忆称，1958 年的新中国正处于经济建设的浪潮中，天津还举办了首届出口产品展销会。当时，雷兰弟是中国五金矿产进出口公司天津分公司的展台服务员。

雷兰弟说，8月11日这一天，正当展馆工作人员像以往一样热情接待来访宾客时，他突然听到大门口处人声喧嚣起来。不久，就听人们说，毛主席来了！“说时迟，那时快，还未等我有时间去思索，毛主席他老人家已迈着雄健的步伐在众人的簇拥下走到五矿展台边，走到了我的面前！”

这种梦幻般的情景让雷兰弟惊呆了，他激动得一时不知说什么好。这个时候，毛主席向雷兰弟伸出他那扭转乾坤的大手，雷兰弟赶紧用双手紧紧地握着，握着……毛主席仔细地看着展品，不时地询问着，雷兰弟激动地一一作了回答。随后，毛主席亲切地嘱咐在场的五矿人要奋发图强，把五矿产品搞得更好。

事情虽然已经过去了很多年，但雷兰弟在1993年的时候向《中国五矿报》回忆并诉说的时候还记忆犹新：“每当回忆起这件事，或捧起与毛主席的合影时，我的心情都像当初一样兴奋不已。毛主席来五矿视察是五矿的骄傲，是对全国五矿战线广大职工的鼓舞和鞭策，它永远激励我们开拓和进取。”

1964年5月，周化民开始担任国家外贸部副部长、常务副部长等职，直到1981年8月离职。这位老外贸人在1995年专门寄语中国五矿，“内部管理要现代化，要重视信息、重视人才，决策要科学化，管理要民主化，向社会主义的综合商社方向发展”。

多年之后，中国五矿集团开始迈开了走向国际化的历程，并斩获颇丰：2007年，中国五矿总经营额为218亿美元，利润达到70亿元人民币；同年，在中央企业业绩考核中，中国五矿被评为A级，并位居世界500强企业第412位。中国五矿集团已经从昔日单纯的进出口贸易公司，转变为以资源为依托、上下游一体化的跨国公司；从单纯的产品经营企业，转变为产融结合的资产资本经营集团。

与华润和中国五矿相比成立时间相对晚些，但又在贸易型央企中举足轻重的，则当属今日的明星企业家宁高宁执掌“帅印”的中粮集团了。

中粮集团的历史通常被追溯到1952年的9月[①]，三家与中粮有历史渊源的公司同时成立之时，这三家公司分别是中国粮谷出口公司、中国油脂出口公司和中国食品出口公司。但当时的这三家公司还是各自独立，并没有统一的集团称号，直到1961年1月，三家公司才正式合并，并被命名为中国粮油食品进出口公司。

跟华润和中国五矿类似，作为中粮前身的那三家公司的成立目的主要在满足国家战争的需要，与以美国为首的帝国主义阵营的“封锁禁运”政策进行抗争，以保卫社会主义国家的伟大成果和新中国的伟大事业。

而从20世纪90年代开始，就是这个为了战争需要和新中国贸易事业突围需要所成立的中粮，已经连续20多年一直位列《财富》杂志世界500强的榜单中，并与美国ADM等跨国公司形成了竞合关系，还把美国的“糖衣炮弹”——可口可乐带回了中国大陆……

且不说日后的中粮集团最终是如何变成“恐龙”并影响着国计民生的，单说20世纪50年代中粮刚刚成立的时候，正值朝鲜战争爆发后的西方发达国家一致对新中国“卡紧脖子”的时期，在这种情势下，新中国必须自力更生进行工业化，克服一切困难冲出西方发达国家的包围圈。而工业化则需要必备的贸易的支持。

仅对中粮而言，就需要大量出口粮食以换取更多的外汇。根据《中粮志》的

① 还有一种说法是中粮起源于1949年在天津成立的华北对外贸易公司。

记载，20 世纪 50 年代的新中国，粮食基本是大规模出口，很少进口，不像如今频发“粮食安全”的隐忧，需要进口。因此，作为中粮前身的那三家公司的名字都只是“出口”两个字，还不见“进口”之表达。

直到 20 世纪 50 年代末，中国国内的粮食供应开始严重不足，再加上 20 世纪 60 年代初期的三年困难时期，一时间粮食问题成了中国的大问题。在这种境况下，这三家公司原来的“出口”换外汇任务一下子变成了“进口”粮食了。由此，在 1961 年 1 月，三家公司合并成了一家公司：中粮公司。

同样在 1950 年代“冒泡”的还有现在的中国中化集团。

就在周化民任职中国五矿第一代真正“掌门人”的前两年，新中国第一家专业从事对外贸易的国有进出口企业——中国进口公司于 1950 年 3 月 1 日宣告成立。一年之后，中国进出口公司在中国进口公司和华北贸易公司的基础上成立，专营对西方国家的贸易，进口国内生产、生活急需的重要物资，支援了新中国的经济建设。而在整个 20 世纪 50 年代，中国进出口公司陆续与 40 多个国家和地区的数百家客商建立了贸易关系，出口快速增长，并开辟了国际石油和化工品的进口渠道，为成为国内石油、化工贸易的专业进出口公司打下了基础。

而 1952 年，打破西方封锁禁运标志的《米胶协定》中橡胶贸易的执行者，正是中国进出口公司。

锡兰，今天的斯里兰卡，70%的耕地用于种植橡胶、椰子和茶叶等经济作物，橡胶出口是其财政收入的主要来源之一，而主要进口的物资包括粮食、纺织品和机械。1950 年朝鲜战争爆发后，美国大量囤积橡胶等军用物资，导致了世界橡胶市场的严重混乱。同时，西方国家主导的联合国巴黎统筹委员会明确将橡胶列为对社会主义国家实行禁运的重要物资。这样双重压力下，世界橡胶价格大幅下挫30%以上。锡兰等橡胶出口国承受了巨大的经济和财政损失，许多橡胶园难以为继。恰在此时，主要输出大米的国家大米出口量锐减，国际市场大米价格猛涨，锡兰试图向美国购进大米，美国却坚持以市场价格出售，而此时经济状况导致锡兰不能以市场价格进口大米。锡兰民众纷纷集会，强烈要求与中国开展贸易。

在如此背景下，双方开始接触商讨贸易事宜。

此时的美国意识到了情况的不妙，试图给锡兰政府更好的条件以阻止中锡贸易。对此，锡兰民族独立运动领导人唐·斯蒂芬·森纳那亚克（Don Stephen Senanayalce）给出的回答是："锡兰是最早承认新中国的国家之一，同中国签订贸易协定一事做得很对。至于美国给锡兰的满意条件，我们已等了一年多，现在太迟了。即使能获得两倍于我们能从与中国的贸易中获得的利益，或者给我们500吨黄金，为了荣誉与尊严，锡兰也不会那样做。"

1952年12月18日，《中国与锡兰关于橡胶和大米的五年贸易协定》，也就是著名的《米胶协定》签署，协议规定，我国每年以27万吨大米换取锡兰5万吨橡胶。事后，周恩来写信给毛泽东、朱德、陈云等："中锡贸易谈判，已于今日谈妥签字。我们的收获是，锡兰以政府形式担负每年出卖5万吨橡胶给我们，以5年为期的义务，并承认橡胶涨价时，我们亦有权同时提出重议大米价格。锡兰的收获是，我们担负每年出卖27万吨大米，亦以五年为期的义务。1953年橡胶价格为32便士1磅，大米我们让至与今年一样54英镑1吨。如此，1吨胶等于5.57吨米。此事拟于后日发一公报，以影响东南亚。"

《米胶协议》中，橡胶的进口便由中国进出口公司负责。而《米胶协定》的签订对于打破西方资本主义国家的封锁禁运发挥了积极的作用。

而就是这个中国进出口公司，造就了今日的另一个庞大的央企集团中国中化集团公司，一家连续23次入围《财富》全球500强，并于2013年名列第119位的“恐龙”式集团企业。

在《中国经贸五十年》的综述中，原国家对外经济贸易部对新中国20世纪50年代的贸易事业大致做了这样的描述：

> 新中国逐步建立起国家统一管理的社会主义对外经济贸易。1949年10月，中央政府即设立了中央贸易部，内设国外贸易司管理新中国的对外贸易，1952年又专设了对外贸易部。在中央贸易部和对外贸易部的统一领导下，先后组建了地方对外贸易管理机构，确立了国家对对外贸易进行统一管理的机构体系。在此基础上，国家陆续颁布了一系列统制全国对外经济贸易活动的法令和法规，制定了有关的具体规定和实施办法，把全国的对外贸易置于国家集中领导和统一管理之下。从1950年起，国家还先后成立了一批国营专业外贸公司，统一经营全部对社会主义国家的贸易及对资本主义国家重要物资的对外贸易。

同时，根据《中国经贸五十年》记载，20世纪50年代的新中国，通过贸易和使用苏联政府贷款从苏联和东欧国家引进156项重点建设项目的成套设备和技术，建设了一批钢铁、电力、煤炭、石油、机械、化工、建材等骨干企业，为我国的工业化打下了初步基础。

因此，生于国家外忧之际的贸易型央企，在20世纪50年代对新中国的自力更生大搞工业化提供了坚强有力的支撑。对那时的央企来说，政治任务与国家利益高于一切，许许多多的人们为新中国的工业化贡献了青春和一腔热血。

而当历史的脚步行进到1960年，当我们参考苏联列宁、斯大林创立的经济制度模式，建立起了覆盖全国民经济全局的“社会主义的计划经济”之时，随着一场突袭来的中苏争端和关系的恶化，新中国的对外贸易事业遭遇了第一次较大的曲折。而央企也相应面临着一系列的挣扎和挑战，它们的命运开始起伏跌宕……

国门初开——内忧外患之际的“挣扎”

> 1972年国际钢铁贸易形势是，东西方钢铁集团加强垄断，共同对付中国和其他第三世界国家。为了充分发挥新中国进口量大的优势，争取对中国有利的贸易谈判形式和较好的价格，该年10月，以中国五矿一名副总经理为团长的钢材代表团出访日本，在东京与六大高炉厂家洽谈钢材进口，提出了共同谈判的新形式：以中国五矿为一方，以日本的六大高炉厂家为另一方。这六大高炉厂家包括新日本、日本钢管、川崎制铁、住友金属、神户制钢、日新制钢，两方每半年议定一次价格、数量和交货期等，而中国五矿则是六大高炉厂家在中国的销售总代理。
>
> ——《中国五矿五十年》

20世纪60年代，新中国处于内忧外患之际。

曾经的亲密盟友苏联与中国关系的恶化，直接影响了中国与苏联及东欧各国的贸易，而且印尼也开始排华、反华，与中国停止了贸易交往。与此同时，恰逢三年最困难时期，新中国的国内情况也不容乐观，建设受到严重的影响，而从20世纪60年代下半期开始的文化大革命则更使新中国的生产建设和对外贸易再次受到极其严重的影响。

仅仅以中国五矿在20世纪60年代的经营业绩为例就可见当时情况的严重性。据相关史料记载，中国五矿的出口贸易在整个60年代的10年里几乎年年下降，1968年和1969年每年出口仅仅1.9亿美元，低于1953年的水平；1961年到1965年的进口额均低于1959年的水平，其中，1962年和1963年两年的进口额均为1.6亿美元，处于历史的最低水平。而与苏联、东欧国家的贸易额在中五矿公司总贸易额中所占的比重由20世纪50年代的80%一下子降到48%。

另据中化集团的老同志回忆，1960年开完全国经理会后，各地均反映落实本年计划很有难度，于是总公司派出了督促小组，全力配合当时“促生产”的方针。地方反映缺原料，就迅速通过各种方式进口原料（当时甚至运送货物的汽车都要进口），只为保证货源。可见当时条件之艰辛。

怎么办？这是当时新中国高层领导和国字头的贸易公司都在不断思考的难题。

1960年8月，周恩来总理提出了“对日贸易三原则”，即政府协定、民间合同以及个别照顾等，此举改善了中日贸易关系，并因此推动了一些重要贸易项目的开展。同时，国内形势的严峻迫使国字头贸易公司的主要市场逐步向资本主义国家和发展中国家转移，摆脱对苏联、东欧国家的依赖。

还是以中国五矿为例。根据《中国五矿五十年》披露，中国五矿20世纪60年代从资本主义国家进口的钢材共计812万吨，已经占同期钢材进口量的82.1%。同时还大量进口了铜、铝、钴等重要物资，约84.69万吨，有力地支持了新中国执行“二五”、“三五”等计划建设。而20世纪60年代从苏联、东欧国家的钢材进口量已经从20世纪50年代的63%下降到36%，对欧共体和日本的进口量则上升到了59%。

尽管新中国处于内忧外患之中，但国字头贸易型公司都千方百计地支援国家经济建设。20世纪60年代初的大庆石油会战中，中国五矿及时进口了当时国内不能生产的石油专用管13.3万吨，对大庆油田的顺利出油起到了重要的物资保证作用。而南京长江大桥的建成、第一颗原子弹的爆炸等举世瞩目的建设成就和科研项目所使用的钢材，几乎全部由五矿公司组织进口，中国五矿竭尽全力支持了当时新中国国内生产建设的需要。

与中国五矿在五金矿产方面支援国家经济建设相比，中粮则在粮油贸易方面实际支持着新中国，并在此间也形成了垄断的地位。1962 年 1 月，刘少奇在“七千人大会”上公布，1961 年中国进口了 520 多万吨粮食，合计 105 亿斤，这是新中国成立后从来没有过的事情；但 1962 年还需进口 400 万吨，合计 80 亿斤的粮食，共需外汇 6.6 亿美元。为了给各地组织货源，中粮开始在全国各地设立分公司，并于 1965 年将公司更名为“中国粮油食品进出口总公司”，直到宁高宁于 2004～2005 年间空降到中粮任董事长，才将公司再次更名为“中粮集团有限公司”。

而也就是在 20 世纪 60 年代，为了应对国际国内形势，中粮获得了最为传统的独家垄断业务——粮油贸易业务。

20 世纪 70 年代，一些国字头贸易公司积极与国际贸易市场开展商务谈判，并争取好的价格。这个年代里，中国五矿就揭开了中日钢铁贸易的新篇章，即钢材共同谈判。

按照有关的说法是，共同谈判形式满足了新中国现代化经济建设对钢材进口的大量需求，显示了独特和突出的作用，应该被载入新中国钢材进口的史册。

但在 20 世纪 70 年代，中国五矿是在动荡中求得发展的。这个年代，正是新中国执行第四个与第五个“五年计划”的时代，但“文革”的冲击和“四人帮”的干扰破坏一度让国家的经济濒临崩溃的境地。周恩来总理在艰难的困境下尽力作为，邓小平也一度复出工作，经济形势相对有所好转，而对外贸易工作也得以在艰难困境中发展着。

而在这段时期主持中国五矿工作的是一个叫田光寿的老外贸人，他曾在1973 年 5 月到 1978 年 11 月任职中国五矿的总经理，后来任全国政协常委、中国农工党副主席等职。根据《中国五矿报》的记载，田光寿上任伊始，就与公司的其他几位同志找到当时主抓经济工作的国务院副总理陈云，并在其家里进行了工作汇报。田光寿的回忆称，当时陈云认真听取了田光寿等人的工作汇报后，询问中国五矿公司目前经营有什么困难。田光寿回答说，外贸工作有其特殊性，市场往往不遂人愿，如果能有一定的机动资金，工作就主动多了。陈云听后又问，你们想要多少（资金）？田光寿回答说，一亿元就差不多。听了田光寿的回答，陈云笑了，并说道，你们的胃口不大嘛，就给你一个亿！

与陈云的此次沟通，田光寿记忆深刻。他对《中国五矿报》说："陈云同志以经济学家的胸围韬略看到了中国五矿事业的发展前景，作为国家领导人给予了中国五矿大力的支持，使我深受鼓舞，也感到肩上担子的沉重。"

田光寿到底是何许人也，为何能够主舵中国五矿这样一个重要的外贸央企公司？实际上，田光寿可是"老革命"了。1937 年抗日战争爆发后，16 岁的他辍学参加了家乡河南清丰县的抗日游戏队，并加入了中国共产党，在冀、晋、豫一带开展革命工作。他先后担任过县委书记、地区宣传部长、地委副书记等职。全国解放时，田光寿又奉命南下，任长沙市委组织部长。1952 年他北上进京，担任了交通部人事司副司长。就是在这段时间，他在当时的交通部部长、中国农工党主席章伯钧的影响下加入了中国农工党。1966 年他调到外贸系统，先后担任外贸运输总公司总经理、中国五矿公司总经理和对外经济贸易大学校长等职。后来任职全国政协常委、中国农工党副主席。

按照田光寿自己诙谐的说法就是，"除了没当过演员，什么都干过"。

就是这样的老资格外贸人在中国五矿总经理任上积极在艰难的处境下开展进出口贸易，并取得了一些成绩：1973 年到 1977 年中国五矿的进出口额有较大增长，每年在20亿美元以上，而1978年创下了进出口总额达47.81亿美元的纪录。

田光寿在中国五矿总经理的任上，还积极开辟西方市场，开展对资本主义国家的贸易。

1975年3月，中国五矿公司欧洲推销小组远赴伦敦，被英国商界报纸称为“值得记载的事件”。之后，中国五矿公司所开展的一系列远赴国外的考察调研和推销工作，改变了以往出口主要靠交易会的传统做法，为20世纪80年代在海外广泛建立分公司奠定了一定的基础。

同一年的9月，田光寿以中国贸促会代表团副团长身份出访美国，受到美国总统杰拉尔德·福特（Gerald Ford）的两次接见，在美国商界一度引起很大的反响。

但田光寿和中国五矿公司与资本主义国家进行贸易沟通和合作的做法，却被当时的“四人帮”污蔑为“卖国”。根据《中国五矿报》记载，田光寿和他的团队尽可能地顶住了压力，带领着中国五矿艰难地前行着。

“潜伏者”华润也没有闲着。同样是在三年困难时期，华润为内地紧急采购粮食。1962年华润参与内地鲜活冷冻商品供港的“三趟快车”计划。在20世纪70年代初期，华润则协助内地将国产石油、大米打入香港市场，同时通过石油贸易促进中非、中泰关系的正常化。

根据华润史料记载，这段时期华润建成的重要设施有沙田和青衣油库、远洋轮船公司、乐声大厦商场和长沙湾货仓等。截止到1978年，华润的进口额达到25.3亿美元，也增设了工矿产品部、纺织品部和石油化工部等不同职能部门，而下辖的二级机构更是多得不得了。

华润当初有中国的“小外贸部”之称，因为华润当初的主要任务是管理和协调内地和香港两地的贸易，努力扩大国货对港的出口，而内地所有驻港贸易机构的管理方式都与外贸部相似，对下属单位采取的是政府机关式的行政管理。可想而知，当初的华润的权力和影响力是何其大，只不过在很大意义上说是行政的，而非市场化的。

直到1978年中国实施改革开放政策之后，如华润一样的国字头贸易企业们开始了努力探索新形势下的企业真正的发展之路。

而打响与外资合作前锋炮的则是将绝迹了30年的可口可乐重新带入中国大陆的中粮集团——一家已经在粮油贸易领域坐稳垄断位置的央企。

它们嗅到了开放的“春天的气息”，但也伴随着难以言表的阵痛。

“收费站”的日子——因势而生的“大爷时代”

外贸群体是计划经济环节的“大爷”：共和国由于物资匮乏，大量设备、原材料均需从国外进口，国内生产厂家的领导会经常出入外贸部门催问所需进口设备、原料是否到货，所以这些外贸公司属于传统的门难进、脸难看、事难办。如果一不小心你去外贸公司迟到了或犯了其他什么小的差错，则会被狠狠地批评，甚至会让你写检查。这样的事情在今天看来当然是不可思议的，不过在某外贸公司却的的确确发生过，而把这个生产厂的厂长批得狗血淋头，并要求他写检查的居然只是外贸公司一个最基层的业务员。可见当时的外贸公司的傲慢程度。

1972 年冬，格外寒冷的北京迎来了一群美国客人——理查德·尼克松夫妇率领着一群美国政府官员访问中国。这个来中国之前对中国的印象只有“很多人”的总统坐在中国政府的豪华轿车里，透过狭窄的车窗帘间隙，观察着这个令世界都备感好奇的国家首都。由于所有机关、学校等单位均将下班时间延长到了 8 点以后，尼克松看到的只有空空的街道。这样的景象和巴基斯坦总统告诉他的几百万人在街上呼喊的画面形成了巨大反差。一周之后，《中美联合公报》签署。从此，封闭了 20 多年的中国拉开了通往世界的关闸。受政治因素的影响，中国的对外贸易局面也在逐渐打开。

1973 年，向来不平静的中东再次掀起了战火，第四次中东战争爆发。为了打击以色列及其支持者，掌握石油资源的阿拉伯成员国宣布收回石油标价权，将原油价格从 3 美元提高到了近 11 美元，使油价暴涨两倍多。随着各国经济和技术的迅速发展，石油已经被运用到了发达国家的各个层面，油价的暴涨对于不能

“自食其力”的国家来说是一场灾难，因此这次事件被称为第一次石油危机。这次持续三年的危机对工业化国家的经济造成了严重的影响，日本就是其中一个，价格高昂的石油使日本的工业生产下降了20%以上，而作为世界上原油供给率最低的国家，日本急需开拓中东之外的石油进口渠道，首先进入其视野的便是友善的中国邻居，这一意向很快传递到了中南海。而20世纪70年代的中国已经摘掉了贫油国的帽子，国人备感自豪的大庆油田正生产得如火如荼。

此时正值中国外交局面一筹莫展之际，这一高度保密的信息被上报到毛泽东主席和周恩来总理处请示，并经商议同意出口，同时周恩来指示：“向日本出口100万吨原油的事，一定要办好，水分不能高，要合乎标准。外交部要掌握政策，这是中华人民共和国第一批原油出口，千万不能看作小事。”此事交由中国化工进出口总公司，也就是后来的中化集团负责。当时的中国化工进出口总公司风光无限，专司全国化工产品进出口，包括石油、化肥、橡胶以及相关的化工品，全国各地的化工品进出口公司都是其分支机构。

作为1993年之前换取外汇的主要途径，国家对石油出口格外重视。

1973年5月8日，一艘双雄丸号油轮缓缓停靠在中国大连口岸，两个押船的日本人——中川勇三和贺井昭夫上岸后满脸微笑，对友好的邻居表示了感谢。15小时后，装船完毕，油轮离岸返回日本，中国第一次向日本出口大庆原油圆满完成。这一年，中国成为石油净出口国。而1978年到1985年，中国累积向日本出口了大约5000万吨原油，中日之间的贸易总金额达到了200亿美元左右。

此后几年里，中国的原油销往了巴西、新加坡、美国等非社会主义国家，也支援了古巴、巴基斯坦等兄弟国家。

对外贸易局面的逐步打开，催生了原本兢兢业业的外贸企业群体的焦躁之性。手握对外贸易专营权的它们以不可思议的速度壮大着。

而对外贸易专营要追溯到新中国成立之初的统制对外贸易政策，即对外贸易由国家统一管理、控制和调节，也就是我们常提的“垄断”一词。中央直接以指令性的计划管理少数的专业贸易公司进行进出口贸易。当时的形势下，统制对外贸易一方面可以保证我国的政治独立和经济独立，统筹兼顾调动全国资源，另外也能使我国步调一致地参与国际竞争，避免内部的互相竞争。

在长达20年的石油进出口贸易中，中国化工进出口总公司同样被国家赋予了石油等商品的垄断性进出口权力，专营石油进出口贸易，这是其他公司是无法染指的。而在石油国际贸易领域，20世纪90年代之前实行的仍是计划经济，人们形象地称此种类型的贸易公司为设在海关的“收费站”。在计划经济中，它也只负责这一道工序——计划经济就像一个庞大的工厂，各类型的公司都只负责这个工厂生产中的一道工序，完成某一环节后将直接落到下一环节的公司。而当时的中国化工进出口总公司负责的就是进出口这道工序，至于进出口后的货物去向，自会有相关的部门跟进。如原油进口之后，国内的炼油公司将货提走；出口时，则负责催货源，并将原油运出国门。

除石油外，中国化工进出口总公司专营的业务还有化肥、橡胶的进口，靠着国家的垄断性政策，中化一船一船卖化肥，只要坐着等，客户就会找上门。

同一时期，中粮专营的是粮油的进出口贸易，中国五矿专营的是矿产金属的进出口贸易，其模式与中化别无二致。同时，从对中国进行封锁的国家进出口商品则要经过华润这一关“倒手”，否则便难以成交。

就是这一进一出，巨额利润便由此而生，它们是当时国家“出口创汇”政策的直接执行者。

因此，彼时的外贸行业是一块“香饽饽”。与国内的生产企业不同，这些公司的工作人员要经常接触国外的经营者，他们懂外语、擅攀谈，穿西装、打领带，在国人看来很是洋气。

如此“大权”和“自命清高”使外贸公司同其他国企一样滋生了官化的弊病。

此时，由于共和国物资匮乏，大量设备、原材料均需从国外进口，国内生产厂家的领导会经常出入外贸部门催问所需进口设备、原料是否到货，所以这些外贸公司表现出一副“门难进、脸难看、事难办”的派头，外贸群体是计划经济环节的“大爷”。如果一不小心你去外贸公司迟到了或犯了其他什么小的差错，则会被狠狠地批评，甚至会让你写检查。这样的事情在今天看来当然是不可思议的，不过在某外贸公司却的的确确发生过，而把这个生产厂的厂长批得狗血淋头，并要求他写检查的居然只是外贸公司一个最基层的业务员。可见当时外贸公司的傲慢程度。

30年后，中国发生了巨大的改变，外贸企业失去了很多权力，很多“兄弟”企业倒下了，幸存下来的也早已褪去了光鲜的外表，在市场经济之路上继续跋涉，回首往昔不免唏嘘。

2001年冬季的一个夜晚，历经15年“复关”辛酸，当中国“入世”代表团团长石广生在众人的注视下在入世协定书上签字之时，多哈会场内一片寂静，每一位在场人员都意识到这一时刻终将载入史册。随后，在热烈的掌声中，WTO总干事迈克尔·穆尔（Michael Moore）请大家举起酒杯，共同欢迎中国加入WTO的大家庭。也许只有真正经历过外贸企业垄断生活的人才明白这个夜晚对它们的命运意味着什么。

这一年的12月11日，中国正式成为世贸组织成员。按照中国的入世承诺，中国将逐步放开企业的进出口经营权，在3年内取消贸易权的审批制，仅保留石油、化肥、烟草、粮食、棉花等8大类商品继续实行国营贸易管理。此外，还要逐步取消补贴，降低关税。中国将以更开放的姿态拥抱世界，那个令国营外贸群体怀念，被众多人们批评的垄断群体，伴随着计划经济体制的消逝也在思考着，在它们的面前只摆着一条路：要么革新，要么消亡。

当然，这些都是后话。因为，此时的它们，还在舒服地享受着计划经济中“收费站”角色的好处。

新中国建立后，大批背负社会主义理想的苏联专家或携家带女，或抛家舍业来到中国，援助社会主义兄弟国家，为中国的基础工业、国防、教育等事业贡献着自己的力量。其中包括了一批苏联经济学家，他们被中国政府安排四处讲学、开会，介绍苏联的计划经济体制，介绍进口怎么算、出口怎么算、计划怎么做、怎么去落实。当时参与开会、学习的很多经理都难以理解，政府如何能统筹、计划整个中国4万万人的需求和供给，而每个老百姓一年吃多少、穿多少，工厂生产多少、采购多少要耗费多少的人力物力？

更让他们感觉不可思议的是，凭借着整个中国对社会主义的无限热情，至1956年，新中国已完成了对农业、资本主义工商业及手工业的社会主义改造，确立了计划经济的体制，而未采取充满盲目性和不确定性的市场经济。这时，一部巨大的国家机器（一家超大型的国家公司）开始运转，这个国家的每个工厂、公司、商店都是这个机器的部件（部门），外贸公司也不例外——专司对外贸易，进出口业务。在强有力的计划经济操作下，中国取得了研制出核武器、自产了小轿车、粮食增长迅速等至今都深受其益的成就，并援助了大量的第三世界国家。

新生中国的基础工业比较落后，生活水平较低，各类产品和原料均供不应求，因此需要进口大量的基础设备和物资。第一个问题是外汇，于是便有了延续多时的“出口换汇”政策；第二个问题是封锁，于是依托在香港的华润等公司进行周转，最后回到大陆。

此后几十年中，每年的春天，国家的计划委员会（如今已转变为发展和改革委员会）都会召开本年度的计划工作会，这个计划会一般会持续一个月左右①。会议将商议本年度的“盘子”，这个“盘子”无所不包，生产多少钢铁，甚至多少纸、笔、发卡都在这个“盘子”里。总的“盘子”定了之后，会向下分，内贸与外贸分开，各省分开。如一部分大豆要出口创汇，黑龙江出口多少、辽宁出口多少都须在此时定下来，报送所属的部委。各部委开会，明确自己本年度的指标和来源，然后再层层开会，直到基层，将指标落实、分解。

外贸公司的经理们思考的是如何完成计划和如何超额完成计划，根据上级数据办事。外贸国企兢兢业业，为国进口、出口，想尽各种办法进口急需物资，支援国家的经济建设。外贸公司内均设有计划处、货源组，货源组负责到全国各地催促出口货源，且需要帮助生产企业解决生产中的困难，如进口原料、运输工具等的短缺——这一职责被形象地称为“打补丁”。总之，外贸公司将通过各种方法完成每年的出口任务。

计划经济中的物资均是凭票供应，如粮票、油票、布票等，有钱没有票也难买到想要的东西。而计划经济下的各个环节所产生的利润、亏损也均由国家统筹，企业只是个执行体，完全处于政府计划部门和行政主管机构的控制之下，既不能自主经营，也不能自负盈亏，因此不属于真正意义上的企业。

① 遇到情况特殊时，该会会延长，如1962年经历了三年困难时期之后，该年的计划会历时75天。

也正因如此，计划经济下的中国公司并非真正的公司，其财权最后均集中于中央，由中央统筹规划。由于当时急需外汇，而国内生产成本过高，所以众多商品均亏损出口，但不用企业负担，而由政府补贴；同样，如企业赢利，则要上交，不可自由使用支配。可以说，当时的企业没有赢利的概念，因此也并没有所谓的赢利模式。在企业心中，只有收入和亏损的概念，而这两个概念也会由上级部门进行统筹、协调，不用企业费多少心。

当时统管外贸行业的是对外贸易部，外贸部下属的中化、中粮、五矿、中机等公司各司其职，均会分摊到自己专营产品的进出口任务。如本年要创汇多少①，进口燃料、粮油、矿产等多少均有细化。但僵化的年度计划会使得出口产品价格难以浮动，经常造成库存积压；另外一个造成库存积压的重要原因便是，商品种类单一，缺乏多样性——清一色的军绿色衣服是对当时商品种类单一的直观反映。但同样是计划经济、大锅饭，这些库存积压也并不用公司来负责，自会由主管部门协调处理。也从另一个角度说明，当时的外贸公司也只是进出口的一道收费站、换汇站（但其负担的功能可能不止于收费）。

外贸、工业、服务业、农业等环节都只是国家这个大公司中的一个部门。如果更形象一点，外贸负责的是采购和销售，工业负责生产、制造，服务业、农业负责后勤保障等，诸如此类。

随着中美建交，外交困局逐步解开，以及中国对外贸易的逐步频繁、成熟，外贸公司已然成了一个类似收费站的群体。出口时货源由国内的生产厂家提供，外贸公司最多会去催收货源，众多外贸公司的业务员甚至都没有见过他们天天买

① 当然，外贸公司每年的创汇任务会再往下划分，压给各地方工厂。

卖的货品。进口时货物到港，直接发送到生产公司、部门。外贸公司坐着收钱、付钱就行了，属于典型的坐商。多年之后，垄断政策没了，一个做了多年化肥进出口业务的外贸公司业务员第一次在港口见到了真正的化肥，第一次清点化肥，第一次感受到做业务的艰辛。

沉浸在权力与优越之中的外贸公司已经隐隐察觉，中国正在逐步走向开放，而事实也正如此，束缚着外贸公司手脚的各种羁绊慢慢被解除。此时的它们又惊又喜，惊的是自己的垄断优势可能会慢慢失去，喜的是终于可以放开手脚经营企业，它们的命运伴随着“芝麻开门”，慢慢地回到了自己的手中。

当然，一半是痛苦，一半是希望。甚至，痛苦要多过希望。

第四章　“芝麻开门”后的困局

风吹雨打第一波——好日子不再

首当其冲受到影响的是坐实总代理位置的华润。1978年、1979年国家先后允许广东、福建和京津沪三个地区设立驻港窗口公司，代理本省市对港出口。此后，随着内地驻港窗口公司的增多和港商到内地发展“三来一补”业务，华润独家垄断内地、香港两地之间贸易的局面被打破。

转眼到了1978年，一向爱好体育运动的邓小平恢复工作，他打电话给“北京电视台”（央视前身），希望该电视台可以转播该年度的世界杯足球比赛。因此，开播已20年的“北京电视台”想了办法——盗用国际广播卫星的公共信号，首次对世界杯半决赛、决赛进行了转播。当时每百户城市职工的电视机拥有率不过13.8%，众多农村甚至还没有用上电，更别说电视机。因此，在这个炎热的夏天，整栋楼的住户纷纷凑到一台电视机前看电视节目。显然，对于首次接触世界杯的中国人来说，它无疑是一档稀奇的节目，热得打着赤膊、摇着蒲扇的中国人在电视里看到阿根廷世界杯上球迷和球员搓手取暖还略有不解。

年初，元旦那天，“北京电视台”新增一档栏目叫作《新闻联播》，《新闻联播》开播的首位主持人李娟，拿着油印的串联单在略显简陋的条件下第一次录制《新闻联播》的画面也被载入了央视的历史画册。多年后，这档节目成了中国收视率最高、影响力最大的节目，也是全世界拥有观众最多的电视节目。

7 月 20 日开始的三天时间是这一年的高考日，学子们奔赴考场圆那梦寐以求但曾破碎了的大学梦。这次考试地理试卷上的一道题目是：北京夏至时，阿根廷首都布宜诺斯艾利斯是什么季节？610 万考生中的大多数甚至都不能很顺地念出布宜诺斯艾利斯这个城市的名字，更别说掌握它的气候特点。有些刚刚观看过“北京电视台”世界杯决赛转播的考生还算比较幸运，他们根据阿根廷世界杯上球迷紧裹大衣、口冒寒气的神态，或许可以推测出地球的那边正值隆冬。

同年，国家各部门纷纷派出干部出国考察，考察范围很广，囊括了美、日、欧、苏联、东欧等众多国家和地区。因为计委提出了“8 年引资 180 亿～200 亿美元”的计划，并要求进一步落实引进规划。这些干部中的大部分人从来没离家这么远，更别提到资本主义国家考察，那是以前想都不敢想的。他们回来之后，周围的人们追问他们出国的见闻：日本人每两户有一辆小轿车，95%以上家庭有电视机、电冰箱、洗衣机。反观国内，尚有 2 亿人的温饱问题亟待解决。听完考察归来的干部们对外国人生活的描述，人们觉得简直不可思议，原先脑中腐朽没落的资本主义国家并非想象的那样，原来不断支援其他第三世界国家的中国竟如此落后。对比之下，干部们不免感觉“寒碜”，深受刺激。同时他们也领悟到：资本主义并非一无是处。这一年，有 12 位副总理和副委员长以上的领导人，先后 20 次访问了 51 个国家，亲身体会了世界和中国的落差。他们想到邓小平前段时间刚刚提出的问题：社会主义的优越性到底在哪里？怎么才能发挥出来？我们的人民好多人饭都不够吃，这能体现社会主义优越性吗？

而邓小平在年底也带着一连串的关于社会主义优越性的问题，亲赴日本“取经”，他对记者笑称自己是去寻找“长生不老之药”——管理和技术经验。当陆续参观完当时日本最大的4家企业后，邓小平说：“我懂得什么是现代化了。”此前，他已经相继考察了东南亚的诸多国家，相信他的心里已经有了一杆秤。

种种迹象表明，此时的中国正在努力地触摸世界、追赶世界。而面对陌生而又新鲜的世界，中国的决策者，为了举国的人民和自己的信念，决定发动一场新的“战役”来缩小中国和世界的差距。

1978年年底，十一届三中全会召开，确立了解放思想、实事求是的指导思路，这短暂的5天和之前的36天工作会议为之后的几十年都打上了深深的烙印。三中全会先向前看，看我们的问题在哪里，从而使我们可以更好地筹划今后，看我们的道路怎么走。

继而，中国开启了伟大的改革开放的大门，春天来了。

全国的重心重新回到了经济建设上，而半封闭的中国也即将敞开胸怀，拥抱世界。很多人已经隐隐约约感受到，一个新的时代即将来临。紧接着，中国开始紧锣密鼓地筹划对内的改革和对外的开放。

这一年的冬夜里，安徽小岗村18个农民用颤抖的手指在“生死状”上画押，这一颇具符号性的事件昭示着中国开始了对内的改革，联产承包很快开始，盛着“大锅饭”的那口“铁锅”终于要被击碎了。

而接连不断的干部外出考察，则为实施对外的开放做足了工作。

邓小平还找到年事已高的荣毅仁等几位工商界元老，在人民大会堂摆了火锅，边吃边探讨中国的经济建设、对外开放[①]，征求他们的意见。

与此同时，中央已经制定了多项外资引进计划和先进技术引进计划[②]，并先后划定了深圳、珠海、汕头、厦门、海南等多个经济特区首先对外开放，中国已经迫不及待地行动了起来。

原有的外贸体制和已经到来的对外开放并不统一，对外开放的到来意味着对外贸易的放开，更意味着延续近30年的外贸垄断终将在这个“中国外贸活动的一个活跃的春天”被打破。

政策转变接踵而至。各省、直辖市、沿海城市纷纷被准许设立贸易公司，贸易公司顿时如雨后春笋般涌现。同时，一大批颇具中国特色的工贸公司风起，这些公司多数由贸易公司和工业生产公司合资成立。而这些工贸公司虽不以外贸公司命名，所做业务却均是对外贸易，只因不属外贸部管辖，所以叫工贸公司。大量涌现的工贸公司和地方贸易公司对原有的专业外贸公司的业务构成了严重的冲击。

同时，国家开始缩减指令性计划内容，转为扩大指导性计划的内容，配合市场调节。又一个中国特色的名词——“双轨制”诞生了，即计划内和计划外的两条不同轨道并行，如外汇的双轨制、物资价格的双轨制，等等。指令性计划内容是外贸国企传统得以维系的主要业务来源，这一业务源的缩减对外贸企业的影响是巨大的。为了更好发挥市场调节的作用，国家还逐渐取消了对亏损外贸企业的补贴，试图使企业回归本位，实现自负盈亏。

---

① 之后不久，荣毅仁奉命负责组建了当时被称为“对外贸易窗口”的中国国际信托投资公司，即今日的中信集团。

② 1978年时，中国的外汇储备为1.67亿美元，1980年，中国的外汇储备为-13亿美元，那几年投资力度可见一斑。大部分的技术引进工作由中国技术进出口总公司负责，该公司同为外贸央企群落的一员。

种种政策相继出台，外贸企业赖以生存的垄断政策不断被剥离，仅剩下一些维持生计的业务。这时外贸企业发现，除去那些依赖了几十年的垄断政策外，它们拥有的只是一个“皮包”，它们与此时大量涌现的“皮包”公司相比，只多了国家的政策，别无所长。这时有一些外贸人开始思考未来的出路。随着国家对外开放的不断深入，国内外信息沟通愈加便利，对外贸易再不是一项神秘的活动，外贸企业现在不行动，晚一点可能连行动的机会都没有了，它们只能赶在完全开放之前布局、变革，幸存的概率才会大一些。作为生存了几十年的外贸企业，它们对国外市场了解得较为深入，对传统的国内产品在国际市场上的销售形势也很了解。中国出口产品相比其他同类产品较为粗糙，包装也较为简陋，这些问题也曾困扰它们多时，随着计划经济的逐步转轨，旧的以产定销的模式必将向以销定产转变，外贸央企需要有更多的思考。

首当其冲受到影响的是坐实总代理位置的华润。1978 年、1979 年国家先后允许广东、福建和京津沪地区设立驻港窗口公司，代理本省市对港出口。此后，随着内地驻港窗口公司的增多和港商到内地发展“三来一补”业务，华润独家垄断内地、香港两地之间贸易的局面被打破。

何谓“三来一补”？其实就是指来料加工、来样加工、来件装配和补偿贸易，这是中国大陆在改革开放初期尝试性地创立的一种企业贸易形式，它最早出现于1978 年的东莞[①]。而“三来”企业主要的结构是：由外商提供设备（包括由外商投资建厂房）、原材料、来样，并负责全部产品的外销；由中国企业提供土地、厂房、劳力。中外双方对各自不作价以提供条件组成一个新的“三来”企业；中

---

① 另一种说法是，“三来一补”起源于广东顺德。

外双方不以“三来”企业名义核算，各自记账，以工缴费结算，对“三来”企业各负连带责任。随着中国制造业的逐渐发展，2000年后，“三来”结构给企业带来了多方面的问题，显得越来越不适应加入WTO后中国的发展。至于补偿贸易，则是一种由国外厂商提供或利用国外进出口信贷进口生产技术和设备，由我方企业进行生产，以返销其产品的方式分期偿还对方技术、设备价款或信贷本息的贸易方式。

在1978年、1979年的那段时期，水货冲击、低价倾销、客户货源流失、代理渠道混乱现象日益严重，这个时候的中粮，则开始了与外资的合作，并启动了实业化投资的序幕。但华润当时的境况却没有这般的轻松——怎么办？总代理的位置被打破之后的华润该何去何从？

根正苗红的华润并不“信邪”，华润认为凭借自身的老资历，国家一定会给予照顾。于是，华润初期应对的策略就是一个“堵”字，借此希望国家制定有关政策，保护自己，减少竞争，从而巩固总代理的地位。殊不知，历史的发展潮流是不容主观改变的——外贸经营体制的改革已经是一种时代的选择和潮流，而只有顺应这种潮流并主动应变和突围，才能再造生机和活力。因此，华润的“堵”之策略并没有奏效。

就在华润上下为之挠头的时候，中粮很显然已经走在了前头——除了将可口可乐这个“金龟婿”赚到自己手里之外，还在1980年的4月，成立了第一家全资海外公司，即中粮纽约有限公司，以此拉开了海外战略的序幕。

华润必须改革了，即经营体制从行政管理向企业化运营转型。

1981年年底，时任外贸部副部长的贾石率港澳工作组来香港考察了华润的经营体制，并听取了华润的改革设想。第二年年初，外贸部下发了《关于华润公司经营体制若干问题的意见》（以下简称《意见》），决定扩大华润在进口、转口、自营、本地零售和贸易辅助业的经营范围，即扩大华润集团的“势力范围”。这些决定对华润经营体制的转型起到了重要的作用。

《意见》下发后的第二年，即1983年的9月，华润（集团）有限公司成立，下属公司以资本为纽带被改组为华润全资拥有或控股的附属企业。华润集团的成立为华润按照香港资本主义市场经济的要求经营企业创造了极其重要的条件。这也为日后华润集团的成长壮大以及宁高宁大刀阔斧的改革提供了先天条件，奠定了基础。

紧接着的1984年，华润集团提出了“依靠内地、立足香港、面向世界，把华润办成以贸易为主的多元化、国际化的大企业”的经营方针。华润集团由此走上了一条与内地不同的资本主义市场经济的发展道路。

当然，说到外贸体制改革，不能不提到一个公司，那就是中国机械设备进出口总公司。

其实，正如前文所述，外贸体制改革早在1978年就已经开始了。这一年，中国第一家工贸公司——中国机械设备进出口总公司的成立，标志着外贸总公司垄断全国外贸的局面被打破。而此前，全国只有14家外贸企业。但仅仅一年之后，就发展到了192家。

1984年9月，以“简政放权”为基调的外贸体制改革报告被通过。自此，省级外贸公司数量也开始显著增加。据当时的外经贸部统计，从1979年下半年到1987年间，全国共批准设立各类外贸公司2200多家，比1979年增加了11倍还多。

因此，有评论称，以一家工贸公司的成立作为打破垄断的先声，很具象征意义。因为它反映了当时的中央高层对经济规律的认识的过程，和对现实的清晰的判断——长期以来，工贸分家、产销脱节，造成了出口产品不适销对路，产品质量差，以及生产企业缺乏出口积极性等一系列问题。而这一改革，似乎已经开始往“打通产业链”的方向努力。对于传统的外贸央企而言，这一缺口一旦打开就再不能封上，开放已经成为这个时代不可逆转的潮流。而新出现的这一群体——工贸公司，至今仍有众多活跃在市场上，并具有不可小觑的竞争力。

当年的中国机械设备进出口总公司如今已经成长为一家集团型企业，简称中设集团。该集团是以国际工程业务、成套设备业务为核心业务，以国际贸易业务和科研设计及国际服务业务为主要经营业务的大型国际化综合性企业。

经查阅，中设集团在中国商务部公布的2007年度中国对外承包工程业务完成营业额前50强企业中，名列第六位；2008年度，名列第三位。在中国对外承包工程业务新签合同额前50强企业中，名列第九。此外，中设集团连续多年被美国著名的《工程新闻记录》(*ENR*）杂志评选入国际最大的225家承包商排名表，2003年曾排名第64位。

同时，该集团的国际工程总承包和成套设备出口业务遍及五大洲，涵盖发电、输变电、轻工、纺织、食品、建材、交通、铁路、港口、通信、广播电视、船舶及冶金、矿山等多个行业。其国际贸易业务多年来稳步发展，已经形成遍及世界120个国家和地区的贸易网络，中国许多大型汽车制造企业、石油化工企业、冶金矿山企业、电力企业、重型机械企业以及城市环保的大型成套设备都是由该集团引进的。

当年的颇具改革象征符号的工贸公司，其实也创造了多个“中国第一”。20世纪80年代，中设集团使用卖方信贷方式成功出口了我国第一套210MW火电站，有力地推动了卖方信贷的发展。90 年代，中设集团第一次将我国燃煤、燃气轮发电机组以及 320MW 火电机组打入国际市场；第一次在非洲中标 4 台 30MW 机组水电站承包工程；设计并安装了日融化 300 吨、500 吨的浮法玻璃厂。进入新的世纪，中设集团第一次将我国 22 万线程控交换机出口到海外；第一次将有高技术含量的远程控制电表大批量出口到欧洲；2007 年，第一次将 600MW 超临界燃煤发电机组电站和 600MW 亚临界发电机组出口国际市场……中设集团至今仍保持着“中国电站出口第一”的荣誉。

据资料记载，自 1985 年起，经贸部不再编制、下达外贸收购计划和调拨计划，而随着外贸经营权的下放，则规定凡是经批准经营出口业务的单位和企业，都要承担国家进出口计划任务。这等于一下子就将中粮等外贸央企，放进了自由竞争的海洋里，任由其和那些数量日益剧增的新外贸企业进行竞争。

要知道，改革之前的外贸央企由于垄断进出口而具有先天的优越感和“生杀予夺”的权力。而随着外贸体制改革大幕的启动和深入，外贸央企简直被“炮轰”了一番，血淋淋的，残酷而现实。

尽管各地都增加了新外贸公司，但与老牌的外贸企业相比，这些公司无疑是稚嫩的，尤其是在老牌外贸公司的故意刁难和消极抵制下，当时中国的外贸也有一团乱象的事实。

在这样的情势下，随着“十三大”的召开，外贸体制的改革来得愈加直接和凶猛，“十三大”也被视为一次直接改变老牌外贸央企命运的历史性会议。而此后所陆续颁发的各类外贸体制改革的文件，就如同一枚枚炮弹一样，残酷无情地落在了中国五矿、中粮等那些外贸央企的头上。它们警惕地注意到“要变天了”，并被迫开始了自我拯救的行动。因为，就在 1986 年的 7 月，钱嘉东代表中国政府在日内瓦提出恢复中国关贸总协定缔约方地位的申请，中国开始“复关”努力。相信那时，看到这条信息的外贸国企大佬们眼前就有了将来的外贸景象图：关税降低、壁垒减少、互惠互利、行业放开，等等。如果“复关”成功，它们将何去何从?

不管怎样，随着1978年改革开放之后的外贸体制的松动，一些地方政府在港的窗口公司也越发地活跃了起来，并在日后长达30年的时间里，逐渐成为丝毫不逊色的大企业集团，如曾经造就股市辉煌的北控集团，如曾经造就红酒绚丽篇章的天津发展，还如上海的上实集团，等等，不一而足。

它们和老牌外贸央企，相互交织着，一起经历了中国外贸企业的酸甜苦辣以及前世今生……

风吹雨打第二波——“航母”变身“小舢板”

从“爷爷”到“孙子”，贸易型央企群落走到了历史的一个拐角深处。

1987年，是一个让几乎所有外贸央企都无法忘却的年度。在这个年度的10月，中共中央“十三大”召开，改革的热浪扑面而来，而外贸央企所面对的现实就是命运的沉浮。

中共“十三大”的中心任务是加快和深化改革。其中，关于对外开放工作，“十三大”指出，要进一步扩大对外开放的广度和深度，不断发展对外经济技术交流与合作。必须以更加勇敢的姿态进入世界经济舞台，正确选择进出口战略和利用外资战略，进一步扩展同世界各国包括发达国家和发展中国家的经济技术合作与贸易交流，坚决有步骤地改革外贸体制；必须继续巩固和发展已初步形成的“经济特区—沿海开放城市—沿海经济开放区—内地”这样一个逐步推进的开放格局。“十三大”以后，中国实施了沿海地区经济发展战略，大力发展外向型经济，主要措施是在沿海地区注重发展劳动密集型产业，要求沿海加工工业坚持“两头在外”（指生产经营过程的两头：原材料和销售市场）、大进大出。

不难看出，中国对外开放的步伐显著加快。

而这一年的9月，《一九八八年外贸体制改革方案》获国务院通过。第二年，即1988年2月，国务院又发布《国务院关于加快和深化对外贸易体制改革若干问题的规定》，对代理制所适用的进出口商品和代理商的主体资格作了原则性规定。这是一份迄今为止最能改变包括中国五矿、中粮以及华润等在内的中国老牌外贸央企命运的历史性文件。对于它们来说，文件的要命之处在于，“各外贸进出口总公司和部分工贸进出口总公司的地方分支机构与总公司脱钩”。

至此，经过近 10 年的改革和探索，建立在垄断经营和不完全竞争体制下的外贸代理制基本确立。

按照“十三大”提出的“促进外贸企业自负盈亏、放开经营、工贸结合、推行代理制”的要求，从 1988 年开始，外贸企业普遍开始推行承包经营责任制，并对轻工、工艺、服装三个外贸行业实行自负盈亏的试点。

这应当是十一届三中全会以来中国外贸体制的第一次重大改革。

应该说，这个时候的中粮，的确可以与国际四大粮商相媲美。

那时候的中粮主管着全国 49 家粮油食品分公司，拥有的独立核算的企业达 1313 个，职工总数超过了 12 万人，资产总额达 165.15 亿元，净资产总额则达到了 24.3 亿元。

165.15 亿元这个数字在当时意味着什么？用“大鳄”来形容中粮一点也不为过。

根据有关报道记载，成立于 1902 年的美国 ADM 公司 1987 年的资产总额为 33.154 亿美元，相当于人民币 123.4 亿元，比中粮少 40 多亿元人民币。而美国 ADM 公司在那一年的美国 500 强企业中的排名第 67 位，在 2007 年的世界 500 强企业中则排名第 174 位，并与嘉吉、路易达孚、邦吉合称国际四大粮商。

可以说，1987 年的中粮称得上是世界上顶级的农业大公司之一。

但就是这样的一个世界级农业大公司，在从 1987 年开始的外贸体制改革中遭到了“炮击”：随着外贸体制改革的推进，各外贸进出口总公司和部分工贸进出口总公司的地方分支机构与总公司脱钩，中粮也难逃被“肢解”的命运——这一年的10月，在北京西郊的香山饭店，面对全国49个分公司经理，时任中粮集团总经理的曹万通在公司全国经理会议上无奈地宣布，中粮集团与各分公司“脱钩”。

昔日的旗下公司转瞬间就自立门户，并一下子成了中粮集团的最直接的竞争对手！

第二年的1月1日，49家分公司中的43家全部与中粮集团脱钩，中粮集团过去对分公司的投入以及许多实业项目等，也一下子被划转到了分公司。余下的黑龙江、吉林、辽宁、天津、山东、上海6家分公司尽管没有与中粮直接脱钩，但也都掌控了人事管理权、业务经营权等。这6家分公司拥有独立核算企业142个，职工1.2万人。

这样，曾拥有165.15亿元资产规模的世界级农业公司的总资产一下子缩减到了25.26亿元，净资产只有6625万元，而员工人数也一下子从12万人转瞬间减到不到500人。

而1988年这一年，国内外贸的形势也让中粮难以适应——外贸公司的数量进一步增加到了4000多家，而中粮要和这4000多家一起接受“外贸承包经营责任制”的考核。

“走投无路”的中粮开始了自我拯救的行动——根据《中粮志》记载，中粮总公司的所有处室全部被改成了经营性的子公司，并相继在深圳、上海、大连等地成立了8家全资子公司，同时与外资和地方企业成立了一些生产型的企业。

也就是从那个时候开始，中粮才有了向实业化进军的一系列举措。

但问题是，向实业化转型的中粮，是否还应该承载保证国家粮食安全重大使命的责任呢？其实，这样的疑问至今依然不断。问题是，已经被“炮击”的中粮还有能力和希望承载这一责任吗？

这一切的一切都归结为一点，即中粮集团的本来使命应该是什么？应如何去定位它？

而当国际四大粮商在全球化时代来势汹汹的时候，从 1987 年就开始被“肢解”的中粮似乎已经无法再现当年“航母”的辉煌。摆在中粮面前的问题是：究竟是贸易第一位还是实业化第一位？或者说如何兼顾贸易和实业之间的关系？

这样的追问恰恰应该是当前围绕中粮的最大的反思焦点。

然而，似乎很少人去关心和探讨这样的命题。

自此，也才有了后来的周明臣引领并改造中粮集团 12 年的故事，也才有了明星企业家宁高宁作为“空降兵”大胆改造和转型中粮集团的故事……

但问题是，中粮集团该不该重新做回一家农业大公司呢？似乎从 1987 年开始，本该做一间农业大公司的中粮就已经回不去了吧？

也在 1988 年这一年，中粮的外贸兄弟中化同样面临着与分公司脱钩的问题，以往的模式是：总公司的出口计划定了以后，会将出口任务继续下分到各个分公司、口岸。之前给中化供货的口岸公司主要为“广大上青天”——广州、大连、上海、青岛、天津 5 个。脱钩意味着总公司与分公司各自独立，互不关联，总公司管好自己就可以了。如果要出口，总公司（分公司）自己去找合约、找货源；而进口合约更是被各口岸公司拿走大半。

中化顿时变得很无助，不过此时它并未坐以待毙——中化陆续成立了自己的分公司来继续拓展进出口任务，并与自己以前的地方分公司竞争。行政形成的“腿”被卸掉以后，只能自己造“腿”来继续行走。于是有了中化国际的前身中化橡胶、中化塑料以及中化浦东等一直持续到现在的中化各分公司。不仅如此，中化甚至看得更远，它将布点的范围延伸到了海外，在海外众多国家成立了分公司，受自己控制组织进口货源。

而当 1987 年开始的外贸体制改革风浪刮向大江南北之后，也就是外经贸部将外贸权的审批工作下放给地方的短短几个月内，各地盲目批准成立了一大批的新外贸公司，于是一系列的管理难题和混乱状况出现了。

1988 年 10 月，中央、国务院决定清理整顿公司，收回放权。

而在这一放一收中，至少类似中粮、中化这样的曾经有望一直与国际跨国公司竞争的企业“伤了元气”。

之后的中粮、中化相继吹响了向实业化进军的号角。

与中粮、中化等兄弟企业相比，中国五矿的日子其实也并不好过：20 世纪 70 年代在“文革”动荡中求生存；20 世纪 80 年代在开放阵痛中求发展。

1977 年初，十年“文革”刚结束不久，中国五矿就召开了第一次全国经理会议。

据时任浙江省五金矿产进出口公司总经办主任沈雄民回忆，这次会议由田光寿总经理主持，并安排了两个主要工作：一个是批判“四人帮”破坏外贸的罪行，另一个则是安排部署业务工作。

中国五矿公司开始努力恢复正常的经营管理。

据资料统计，1979 年，中国五矿公司进出口贸易额猛增至 61 亿美元左右，比 1969年增长近 7 倍，而与其建立了稳定的贸易关系的国家和地区也已经达到 123 个，其中资本主义国家和地区就达 109 个。

1978 年年底，曹中枢就任中国五矿总经理。这个人同样是老外贸人，是个了不起的人物。这位曾经担任中国国际信托投资公司总经理荣毅仁副手的老外贸人，在1963年到1981年间一直在中国五矿公司工作，历经了中国五矿在“文革”期间的风雨飘摇以及外贸体制开放之后的阵痛。

曹中枢1915年生于山西太原，小学毕业后因为家境困难，就学做小买卖维持生计。1937年抗日战争爆发后参加了八路军，先后当过八路军太行合作社副社长、山西林县货站经理等，开展解放区对敌战区的贸易，筹措军需物资。抗战胜利后，被派往山东临清担任第三贸易公司经理。1949年，曹中枢在新中国最早的外贸机构中共华北政府华北贸易公司担任副经理。两年之后，又在新成立的中国进出口公司担任副经理。1955年中国进出口公司业务划转到各个专业公司，曹中枢被调到中化，并于同年的9月被任命为经理。1959年，曹中枢奉命组建中国基地局，并于1960年5月任第一任局长。后到中国五矿任职。1981年则被荣毅仁指名调任中信。

提起20世纪六七十年代的中国五矿，曹中枢对《中国五矿报》回忆说：“五矿那时候的买卖做得挺大的。公司积极与比利时、意大利、西德（联邦德国）、英国等国的一些大的贸易组织开展贸易，进口了钢材等大量的重要物资，支援了国家的建设”。

从1978年起外贸体制的松动所给中国五矿带来的影响与带给其他外贸类央企的影响是一样的。对此，摆在中国五矿面前的现实问题就是，必须要有突破性的举措，而这些举措则是更多借中国开放的东风展开。这些举措主要聚焦在海外发展、实业投资以及金融资本方面。

中国五矿不能忘却的深刻记忆是：1987年开始经贸系统试行承包经营责任制，而从1988年1月1日开始，根据国务院的决定，省市五矿分公司与总公司全面脱钩，就像中粮集团与各省市分公司脱钩一样，省市五矿分公司自此划归地方管理。这就导致中国五矿总公司与其所属的省市分公司的关系发生了实质性的变化。同时，中央所属有关部委和各省市也先后成立了属于自己的多家外贸公司，并取得了五金矿产品的外贸经营权，率先打入了五金矿产品这类以初级加工产品为主的外贸经营领域，从而打破了中国五矿总公司30年来对五金矿产品垄断经营的局面。

据资料记载，1982年国家对出口商品实行分级管理、分类经营，中国五矿总公司的经营品种和经营范围也因此先后遭到多次调整和缩减：原来经营的部分黑色金属和有色金属（48个小有色品种）都先后移交给中国冶金进出口公司；而煤炭的进出口业务则被移交给新成立的中国煤炭进出口公司；1986年，中国五矿再次被“割肉”，国家政府间记账外汇协定贸易项下的有色金属品种被划归新成立的中国有色金属进出口公司。

“（由于）调整，五矿总公司减少进出口额4亿美元以上，持续经营的品种也因众多外贸公司的竞争而受到很大的影响。比如，由于钢材进口普遍推行代理制，随着各省市经营钢材进口的外贸公司数量逐渐增多，20世纪80年代后期全国已达73家，五矿总公司经营的钢材进口量占全国比重逐年下降，1979年以前为100%，1982年为87.3%，1989年为70.6%，1990年为60.2%。”中国五矿如是说。

被“割肉”的中国五矿，无疑面临着严峻的形势和挑战，就如同中粮和华润一样。

首先是出口形势发生了很大的变化。最初全国出口实行经营承包责任制，1988年起又进行外贸体制改革，总公司与省市分公司脱钩，出口计划随分公司下达到省市，多年扶持的出口货源基地大部分都划归到地方，如此，中国五矿自营出口计划只有1000万美元。这个数字意味着什么？只要对比一下，就能得知：1987年的出口实绩12.73亿美元，是1000万美元的127.3倍！巨大的落差自然导致中国五矿总公司上下压力重重。

同时，中国五矿先前一统天下的进口局面也被打破了，中国五矿不得不与已经变成直接竞争对手的原旗下省市公司以及新成立的其他外贸公司一起“抢食”，其心理状态可想而知，仿佛从天上一下子掉到地上一般，狠狠地摔了一下子。

从“爷爷”到“孙子”，贸易型央企群落走到了历史的一个拐角深处。

一来二去之后——“瓜豆皆种”

20 世纪 80 年代的中粮简直是四处出击，甚至还做过彩电、纺织、陶瓷等业务，但这些业务最终都没什么起色，“泥沙俱下”。中粮投资的盲目性可见一斑。与此同时，国家也发出了“走出去做生意”的政策号召，希望央企能实施海外的发展战略。刚被“肢解”的中国五矿看到了一丝“希望”。

已经从“航母”变成“小舢板”的央企，开始四处出击。

相比较而言，中粮在 20 世纪 80 年代率先开始了自我拯救的一系列行动。当然，这些行动部分在日后确实奠定了目前中粮的产业基础，比如葡萄酒业务、食用油业务，但更多的行动则是盲目的、无效的，是“病急乱投医”的典型表现。

根据《中粮志》记载，中粮的第一家合资公司、也是外贸系统内成立的第一家中外合资公司就是中国长城葡萄酒有限公司。1983 年 8 月，中粮集团、香港远大酒业（实际上是中粮在香港的公司）和张家口长城酿造公司，在河北张家口市沙城成立了这家公司，标志着中粮首次进入实业领域。而这也是 1978 年外贸体制松动及改革以后中粮首次做出的自我突破举措。这无疑是一种积极的回应，尽管这种回应在当时似乎更多的是出于被迫和偶然，但恰恰是这种被迫和偶然在多年后造就了中粮在葡萄酒业务领域中强有力的市场地位——足以与中国的葡萄酒龙头企业张裕抗衡，葡萄酒已成为中粮食品公司业务的核心组成部分。

其实，那时候的张裕也不像今天这样有名气。尽管张裕葡萄酒公司早在 1892 年就成立了，但一直鲜有突破性发展，不能与国外葡萄酒品牌相媲美。这或许也让当时的中粮看到了市场的机会和希望。另一方面，1983 年沙城酿酒厂成功研制出了中国自行研制的第一瓶干白葡萄酒，这应当是当时中国在葡萄酒领域中的一次“重大技术创新与突破”。如何将技术创新成果转化成为市场结果？沙城酿酒厂将目光盯在了中粮身上。于是，两家企业自然而然走在了一起。而为了获取在税收等方面的政策优惠，香港远大酒业也参与其中。

此后的 1988 年，中粮又利用旗下的法国鹏利公司与昌黎酿酒厂成立了第二家葡萄酒合资企业——华夏葡萄酿酒有限公司。

事后，中粮的几家葡萄酒公司发生了很严重的“内乱”，如何有效整合一度成为中粮的难题。

中粮集团下属有三家葡萄酒制造厂，分别是位于河北张家口沙城的中国长城葡萄酒有限公司、位于河北昌黎的华夏葡萄酒有限公司和位于山东烟台的烟台中粮葡萄酒有限公司。早期，1983 年长城葡萄酒即在河北沙城产区投资建厂，生产出了中国第一瓶干白葡萄酒和第一瓶香槟法起泡葡萄酒，两大品种均填补了国内市场空白，被欧美酿酒专家誉为典型的东方美酒。中期，1988 年中粮在河北昌黎产区投资建厂，生产出了中国第一瓶世界级标准的干红葡萄酒，并且中粮又首次代表中国干红在第二十九届法国国际评酒会上获特别奖。后期，1999 年中粮又在山东烟台产区投资建厂，通过全新的经营模式吸收世界上先进的管理技术和管理经验，进一步丰富长城品牌。

长期以来，三个企业共用同一个“长城”品牌，但却各自为政，在研发、生产、销售、人事等方面保持独立并且互相制约，这使“长城”品牌一直处于内部相争状态。因此，“长城”在消费者心中的形象是杂乱无章的，消费者在日常消费中往往会产生“哪个才是正宗的长城？”这样的疑惑，这对“长城”品牌价值的提升是非常不利的。而且在调查中发现，大多数的消费者并不知道长城葡萄酒是中粮集团的产品，这样的无形资产被白白浪费，十分可惜。

2003 年，中粮酒业以总代价 1.85 亿元人民币增持中国长城葡萄酒公司 50%股权，收回“长城”的品牌管理权，对旗下三家“长城”的利润、品牌形象、市场渠道和生产管理进行统一调配。中国长城葡萄酒有限公司成为中粮集团旗下全资子公司。从此，国内“华夏长城”、“烟台长城”、“沙城长城”三个长城葡萄酒品牌结束了“内乱”。中国“长城”葡萄酒以整体品牌形象拓展国内外葡萄酒市场，大大增强市场竞争力。

除了进军葡萄酒业务，中粮在那个时代还养过猪。据记载，1985 年 5 月中央 1 号文件全面放开生猪市场，结果国营收购锐减，年收购量维持在 120 万头左右，市场上出现了第一次猪价大的波动。怎么办？为了保证港澳地区的活猪供应，国家立即要求中粮斥资率先从国外引进优良种猪品种，在湖北建立起丹麦长白、英国大约克和美国杜洛克核心群种猪场，在武汉建立种猪测定中心。

尽管当时中粮的举措是在国家的要求下进行了，但似乎谁都不会想到若干年后的中粮，在宁高宁的执掌下，造油、造葡萄酒、造巧克力，不仅进军畜牧业和养殖业，而且还以全产业链的名义并购蒙牛乳业，从而“杀进”了牛奶行业……

不过，对于 1988 年后的中粮而言，最实质性的突破就是打造食用油业务。1987 年 12 月 1 日，也就是中粮这个曾经的世界级农业公司动了“大手术”的一个月后，中国南山开发股份有限公司、深圳宝丰企业贸易公司和鹏利有限公司共同投资 3500 万港元，组成了南海油脂工业（赤湾）有限公司——这是一家合资公司：中国南山开发股份有限公司是蛇口开发区的企业，投资 175 万港元，占 5%；深圳宝丰企业贸易有限公司是中粮在深圳的全资子公司，投资 525 万港元，占 15%；外方企业鹏利有限公司投资 2800 万港元，占 80%。而鹏利有限公司则是 1973 年中粮在香港与嘉里集团成立的合资公司，嘉里占 51%，中粮则占 49%。

自此，中粮进入了深耕食用油领域的时代，埋下了历史的隐患。

总的来说，20 世纪 80 年代的中粮简直是四处出击，甚至做过彩电、纺织、陶瓷等业务，但这些业务最终都没什么起色，“泥沙俱下”。中粮投资的盲目性可见一斑。

与此同时，国家也发出了“走出去做生意”的政策号召，希望央企能实施海外的发展战略。刚被“肢解”的中国五矿看到了一丝“希望”。

1981 年 11 月 3 日，香港企荣贸易有限公司注册成立，这是中国五矿第一家中国内地之外的独资企业，也是中国改革开放以来最早走出国门的为数不多的中资企业之一。

这家新成立的企业，肩负着的使命从本质上与中国华润总公司在香港的华润公司是一致的，即在不同的社会制度条件下求得生存与发展，既要积极开拓国际市场，又要学习市场经济的运作规则，为中国五矿跨国经营摸索出一条道路。

据记载，这家公司以钢铁和有色金属为主营业务的公司，在短短的几年间使自己的经营额持续递增到数亿美元，最高年营业额达到 7.89 亿美元，成为在香港有实力有影响的中资企业之一。

其实，早在香港企荣贸易有限公司成立的前一年，即 1980 年，中国五矿的海外战略就隆隆地拉开了大幕。这一年，中国五矿驻美国、英国、日本代表处和第一批海外公司——位于比利时的企白公司（后随煤炭业务一并移交给中煤公司）、位于美国的企美金属贸易公司都相继成立。从 1980 年开始的此后 10 多年时间里，中国五矿又陆续在美国、英国、香港、日本、德国等国家和地区设立了代表处、独资或合资公司。

“海外机构的发展给五矿总公司插上了腾飞的翅膀，不仅促进了五矿产品进出口贸易的发展，同时还开展了五矿商品以外的贸易和金融、运输、仓储、房地产等业务。”《中国五矿五十年》接着写道，“海外企业在国外的经营活动，扩大了五矿的影响，增强了五矿的实力，为五矿总公司创建跨国集团公司打下了基础。”

中国五矿绝对是响当当的大牌外贸公司。有两个历史事实可以体现出其实力的雄厚和在业界的地位：一个是1987年为加强我国钢材进口的统一管理，外经贸部指定中国五矿在日本、德国、美国、澳洲以及香港的一批企业做钢材进口的代购网点；另一个则是中国五矿海外机构推销我国出口产品的金额在1987年为4.2亿美元，1990年则增加到5.3亿美元，占海外机构进出口总额的35%。

事实上，中国五矿同样在1988年国家正式深度开启外贸体制改革之后，积极开展内地的出口生产和开发投资，并先后投资了生产通信光缆的深圳光通公司、生产三基色荧光粉的深圳企荣公司，以及生产多种新开发稀土产品的上海跃龙公司等实业项目。

同时，中国五矿根据国内出口开发和发展海外企业网络的需要，利用香港发达的金融市场，在香港又成立了重点开展金融、投资业务的企荣财务公司。根据中国五矿公司的记载，这家财务公司自成立之日起，就成为中国五矿海外的资金运作中心，在支持五矿系统的投资活动和海外企业发展等方面都起到了积极的作用。

一手抓实业，一手抓金融，两手都要抓，两手都要硬，中国五矿总公司正走在自我拯救的大道上——将突然而至的“危”转成难能可贵的“机”，这家庞大的外贸五金矿产品央企显然开始了二次创业。

而其当时所投资的一系列实业项目，也在日后为其真正形成实业化版图发挥了不可小觑的历史作用。

同时，就在这部分外贸央企信心满满、多脚扩张的过程中，也或多或少为自身的日后发展埋下了隐患。恰逢此时，亚洲爆发了金融危机，又是一个寒冬，又是一场革命！

第五章　世纪交替前后的大变身

东风吹，战鼓擂

周明臣把中粮“整风”的结果总结成一个报告呈送给外经贸部，该报告由外经贸部送达国务院。朱镕基批示江西、湖北、湖南等5个省市的有关部门和人员收集、了解对中粮整风的意见。意见反馈上来了，对中粮的总体评价是“不错”。朱镕基很高兴，特地在中南海召见中粮领导班子的所有成员。朱镕基肯定了中粮的变化，并代表国务院感谢周明臣等人的工作，希望其继续努力，把中粮的发展工作做得更好。这着实让中粮的高层们坚定了改革的信念。1993年春节前后，李岚清又亲自到中粮视察，并对中粮进一步的改革发展寄予厚望。

——《宁高宁空降北京前后的中粮命运》

1992年注定是不平凡的一年。

这一年的1月19日，一个名叫陈锡添的人在后来轰动全国的文章《东方风来满眼春——邓小平同志在深圳纪实》中用“一月的鹏城，花木葱茏，春意荡漾”来形容当时的深圳。实际上，那天的深圳，天空阴着，没有太阳，也没有什么风。这天是一年中的“大寒”，空气有点冷。上午 8 点，广东省委各级官员就早早地在火车站台等待着，约莫一个小时的时间，一列火车缓缓进了站，车门打开，一代伟人邓小平出现在人们的面前。自此邓小平开始了他的南方视察，由此也有了后来的“春天的故事”。

那时的中国，正是“左倾”的思潮开始泛滥的时候，人心惶惶，每个人都在思考着中国将何去何从，而邓小平的南方视察和一系列的讲话让人们心头上的疑云一下子跑到了九霄云外，从而保障了改革开放的火车头继续前进。邓小平斩钉截铁地说：“改革开放胆子要大一些，敢于试验，不能像小脚女人一样，看准了的，就大胆地试，大胆地闯。没有一点闯的精神，没有一点‘冒’的精神，没有一股气呀、劲呀，就走不出一条好路，走不出一条新路，就干不出新的事业。不冒点险，办什么事情都有百分之百的把握，万无一失，谁敢说这样的话?”

邓小平的讲话一石激起千层浪，立即在党内外、国内外引起了巨大的反响。“1992 年邓小平的‘南方谈话’，是标志着新时期的历史发展进入新阶段的、解放思想的宣言书”，人们如是评价，并欢欣鼓舞。这一年 2 月 28 日，中央将“南方谈话”以中共中央 1992 年 2 号文件的名义向全党下发和传达；3 月，中央政治局召开全体会议，讨论“南方谈话”精神，并就改革开放做部署；4 月 25 日，田纪云到中央党校对省部级学员发表关于大胆推进改革开放的讲话；5 月 21 日，上海股市交易价格限制全部取消，归由市场引导……

1992 年成了思想解放年，也成了实实在在的改革开放年。已经是中国仪器进出口公司总经理的周明臣被这样开明和进步的政治气候和社会环境所感染，那个时候，他从中国五矿公司副总经理的位置上调任中国仪器进出口总公司总经理还不到一年。这家企业当时的状况是资金匮乏、运营艰难，赢利前景黯淡。一向不信邪的周明臣，上任伊始就对这家资产规模并不算太大的中字头企业进行了大刀阔斧的改革，一方面把握现状整顿领导班子，另一方面积极进行解放观念、解放思想、宣传改革精神等工作。功夫不负有心人，在短短的时间里，中国仪器进出口总公司的改革就初见成效，开始扭亏为盈。

正当周明臣率领中国仪器进口总公司全体员工热火朝天地忙着改革的时候，中国共产党历史上一次重要的盛会“十四大”于10月12日在北京隆重召开，这标志着已经持续了十几年的改革开放事业又迈进了一个新的历史发展阶段。这一天，“十四大”报告中第一次明确而郑重地宣告：我国经济体制改革的目标是建立社会主义市场经济体制。报告犀利地指出：这就要使市场在社会主义国家宏观调控下，对资源配置起基础性作用，使经济活动遵循价值规律的要求，适应供求关系的变化，通过价格杠杆和竞争机制的功能，把资源配置到效益较好的关系中去，并给企业压力和动力，实现优胜劣汰。

11月17日，周明臣正在日本访问时接到国内电话，让他在18日或19日回国，上级主管部门有事情通报。周明臣不知道是什么事情，还以为是上级主管部门要求中国仪器并购另外一家公司的事情。早在周明臣出国之前，有关方面就建议他把这家公司并过来，但他认为这家公司的业务与中国仪器并无多大关联，所以就一直拖着。满腹狐疑的周明臣没太着急，仍按原计划在日本出访，直到22日才回到国内。事实上，早在这个月的14日，外经贸部就已经将周明臣调至中国粮油食品进出集团公司任总经理。

一无所知的周明臣回国之后，立即到时任外经贸部部长的李岚清办公室请示工作。李岚清对他说：“你到中粮公司做总经理，马上上任！先上任后交接工作！”领导的话很严肃，语气也很重，似乎是由不得周明臣半点的犹豫。周明臣很是惊讶地说："哎呀，我在中国仪器还有很多事情要处理、要落实，能不能再让我多干一年呀！"李岚清立马回绝道："今天找你不是跟你商量的，而是向你宣布党组织的决定，是通知你！"接着，李岚清就把中粮的基本情况、领导班子情况等给周明臣做了一番简单的介绍，这次谈话前后约莫持续了20多分钟的时间。这一天距离周明臣走马上任中粮公司总经理仅仅还有一周的时间。这一天，如果仅仅从历法的角度上看，无论如何都是一个没有特别意义的日子。然而，就是在这再平凡不过的一天里，周明臣在没有任何心理准备的情况下仓促地接受了任命，也由此开始了他在中粮不平凡的12年征程。

1992年，的确是值得纪念的一年，对于周明臣来说更是如此。

11月30日，周明臣开始了新的打拼。

漫天的星星逐渐隐去，朝阳冉冉升起，京城的大街小巷也热闹了起来，各式各样的大小车辆在街道上飞奔着，提着各式包袋的人们步履匆匆，新的一天已经开始。这一天的周明臣与往日一样，按时来到了位于二里沟的中国仪器总公司的办公室。但与往日不同的是，今天的他并没有和同事们商量公司的发展战略与战术执行，而是有一个特殊的事情要做——与这里的一切做一次迫不得已的告别。

这时的太阳已经挂在东方，多少给北京的寒冬增添了几分暖意，隔着办公室的透明玻璃向外望去，车水马龙喧嚣不止，而屋里却是一片静谧。坐在自己的办公桌前，周明臣暗自想着心事：为什么这么匆忙地调自己到中粮去呢？想来想去，周明臣得出了一个猜测：中粮是一个老字号的国有大公司，同时也是一个涉及国计民生的重量级的大企业，在"十四大"精神的指引下，这家大公司能否顺应建立社会主义市场经济体制的大时势而有所大为，是上级主管部门所期待的。而周明臣毕竟先后在两家大型进出口公司做过高层，是一个老外贸人，改革成绩也是有目共睹，所以上级领导对周明臣充满了期望和信任，希望他也能够借“十四大”的东风把中粮发展得更好。

就在周明臣想着自己心事的时候，一条消息已经不胫而走，时任外经贸部副部长的李国华今天下午要来中国仪器。一个主管人事工作的部级领导的到来，多少让人们有所猜测。

下午1点30分，中国仪器总公司中高层会议准时召开。这次会议上，李国华副部长做了重要讲话，首先肯定和褒扬周明臣在中国仪器总公司做出的成绩，接着向大家宣布了外经贸部关于调任周明臣为中粮总经理的通知。

在中国仪器员工依依惜别的目光下，周明臣坐上了车，在一种说不清楚滋味的心情下离开了二里沟。车向位于东三环的京信大厦飞驰，当时中粮办公地就设置在那里。下午3点30分，周明臣准时出现在大厦的8楼，中粮的会议室里，落座的都是些中高层干部，人数并不很多。周明臣与大家简单地见了个面，做了一个礼节性的讲话之后就草草收场，前后也就10多分钟的样子。当时，周明臣的一个直觉就是，这里的干部们似乎与中国仪器的不太一样。

其实，在周明臣来中粮之前，李岚清就问过他这样一个很直接的问题：“你是否需要助手？你既可以从中国五矿调人，也可以从中国仪器抽人，只要你看着合适。”周明臣回答道：“我一个人都不调，既然党组织信任我，而我也接受了任命，我就相信我自己的能力，相信我能够依靠中粮的人把事情做好！”

话虽如此，但中粮毕竟是个恐龙级的公司，从做钢材、做科技产品到做粮、油、糖，领域广泛、业务繁多。跨度如此之大，如何着手，周明臣心里实在是没底。

那时候的中粮到底是个什么样呢？《中粮志》记载，为适应社会主义计划经济体制的需要，中粮公司自1952年成立以后，逐步建立起专业化经营的、高度集中管理的经营体制和组织结构，各省、自治区、市以及计划单列市建立的经营粮油食品进出口业务的公司，在计划、财务、机构编制和劳动工资等方面一律与总公司挂钩，作为总公司的分公司，在业务上受总公司的领导，财务上纳入总公司的总体核算。随着改革开放的不断深入，这种体制的局限性和重大欠缺开始暴露出来。

如本书的前文所述，1987 年 10 月，中国共产党第十三次全国代表大会提出了加快和深化经济体制改革的方针，明确要求对外贸体制进行重大改革。此后不久，中粮公司的各地粮油食品分公司与总公司脱钩，由所在地政府管理，总公司由管理型企业转变为经营型企业。这是中粮历史上很重要的一次改革，为中粮后来的发展奠定了根基。但这次改革并不彻底，资产管理方面并未完全理清关系。更重要的是，中粮并未走出外贸的影子，没有属于自己的产业。

从 1992 年 11 月 30 日这一天开始，周明臣就带着自信单枪匹马地“杀”到了中粮总公司。

历史往往会与人开玩笑。那时候的周明臣还没有来得及想出一个突破口，但一个他无论如何也想象不到的机会却自己找上门来，尽管这个机会让他一时间无比尴尬和委屈。

周明臣到任一个星期后的 12 月 7 日，全国粮食工作会议隆重召开。在这次粮食系统的重要会议上，江西省粮食局的同志突然向中粮“开炮”，批评中粮的服务态度差，官商作风严重。时任副总理的田纪云、朱镕基正在会议现场，听了之后很严厉地说：“中粮的人来了没有？”事实上，当时的周明臣并不清楚中粮到底怎么官商了，刚刚到中粮一个星期，连领导班子会议还没开呢，就被当着粮食系统那么多的官员的面被副总理点了名批评。两位副总理严厉斥责道："中粮官商作风严重、服务差，好好整顿！"

很多人都尝过官商作风的滋味，有人曾形象地总结，官商作风的典型表现就是"门难进，脸难看，事难办"。你说我服务态度不好，你也拿我没辙，回头你还得找我，因为独此一家，别无分店。

在计划经济时代，中粮统一经营全国粮油食品的进出口业务。只要是粮油食品的进口和出口，都必须找中粮。但是，随着社会主义市场经济体制的建立、外贸体制改革的深化，中粮的垄断经营已不复存在，必须自己去找饭吃。周明臣到中粮上任的时候，中粮的很多业务员还没有认识到外部环境所发生的这种变化，还抱着过去的一套老观念，沿袭过去的工作方式，最终使中粮在全国性会议上受到两位副总理的严厉批评。

这个插曲发生之后，人们议论纷纷。有人说这是给了周明臣一个"下马威"。不管是不是"下马威"，新到一个公司上任，人头都没有完全摸清，就受到国务院领导的点名批评，周明臣觉得很没面子。

当时的会场上有200多人，遭总理斥责后，周明臣尴尬地坐下来，脸上火辣辣的，心里也很难受，也有委屈，刚刚到任就碰上这档子的事情，真的受不了。但俗话说得好，不挨骂长不大。正愁没有突破口的周明臣，在一番冷静思考之后，认为可以借这个机会"大做文章"。当天晚上，周明臣召集领导班子成员紧急开会，并在会议上表了态：领导的批评虽然言辞激烈，但也恰恰唤醒了中粮的"危机意识"。会议最终决定，中粮立即成立一个工作小组，由时任副总的刘福春带队，专程到江西省政府、省粮食局做诚恳的道歉。当时，外贸专业总公司专程派人向地方部门道歉，还是头一回。中粮派去的同志一开始觉得没有必要，思想上还有点想不通。道歉小组到首都机场后，正好赶上有大雾，飞机不能起飞。小组的同志向周明臣请示，是不是就不去了，打电话道歉吧。周明臣坚决不同意，指示小组：在机场等候，什么时候飞机起飞什么时候走。万一飞机不能起飞，改坐火车，务必尽快到江西。地方的同志见中粮专程来道歉，也不明白中粮的葫芦里卖的什么药。结果是中粮的道歉小组前脚刚回到北京，江西省的负责同志后脚就到了，反过来又向中粮道歉，批评省粮食局负责人不该无组织无纪律乱放炮。

有意思的是，昔日在总理面前告状的人，日后却成了周明臣最佳的合作伙伴。2004 年的 1 月 11 日，当年的道歉小组成员、时任中粮大米部总经理的杨红收到了一份意外的新年礼物——时任江西省省委副书记、常务副省长吴新雄的亲笔致谢和拜年信。在一张关于江西 30 万吨陈米出口情况汇报的传真空白处，吴新雄这样写道："衷心感谢中粮公司对我省外贸出口的支持！在新的一年里，衷心希望进一步加强密切合作，优势互补，共同发展。"中粮内部刊物《今日中粮》对此这样评价："这是对 2003 年中粮大米部克服重重困难，卓有成效和辛勤工作的肯定，同时也是 1992 年以来中粮与江西省合作关系的真实写照。"这份刊物还同时评论道："江西与中粮可谓是一对'欢喜冤家'，在中粮 1992 年开始的重大转型历程中，江西扮演了特殊角色……时任中粮公司副总经理的刘福春亲自带队登门道歉的场景已经成为中粮转折点上的一个经典镜头。"

初升的冬日没有丝毫的暖意，三两只寒鸦在枯树枝上一边扇动着翅膀一边呱呱地叫着。熬了长夜的周明臣显得有些疲惫，但他还是早早地起来了。他睡不着，还在为挨副总理批评一事而思索，对这件让他伤神的事情，周明臣突然有了新的想法。后来他对笔者坦言："当时我想，这是个机会，必须要抓住。老公司的老问题必须用整风的方式，而对官商作风的整顿，态度必须坚决，如果不整顿，就谈不上参与市场竞争。”

中粮花了三个月时间，在全公司上下开展了一场以认清形势、转变观念、整顿经营作风为主要内容的教育活动，对官商作风进行专项整顿。当时周明臣的提法是，要使在计划经济体制下形成的官商作风在公司内没有市场，成为人人喊打的过街老鼠，切实增强大家的经营意识、竞争意识和服务意识。周明臣认为像中粮这样的老牌国企要参与市场竞争，首先得有竞争的意识和头脑。说起整顿官商作风，可能现在大家觉得理所当然，觉得很简单，但是周明臣感慨地表示，10年前，一个搞了40年垄断经营的老公司，自己给自己动刀子，自己革自己的命，还真需要不小的勇气。

三个月的整风运动过后，周明臣没有丝毫的懈怠，他意识到必须乘风破浪。当时的中国，正掀起了轰轰烈烈的第二次思想解放热潮，市场机制的作用进一步扩大，人们也认识到建立社会主义市场经济体制的重要性。

这时候周明臣把中粮“整风”的结果总结成一个报告呈送给外经贸部，并由外经贸部送达国务院。朱镕基批示江西、湖北、湖南等5个省市的有关部门和人员了解、搜集对中粮“整风”的意见。意见反馈上来了，各省对中粮的总体评价是“不错”。朱镕基很高兴，特地在中南海召见中粮的所有领导班子成员。朱镕基肯定了中粮的变化，并代表国务院感谢周明臣等人的工作，希望其继续努力，把中粮的发展工作做得更好。这着实让中粮的高层们坚定了改革的信念。1993年春节前后，李岚清又亲自到中粮视察，并对中粮进一步的改革发展寄予厚望。

同年7月，中粮香港子公司香港鹏利的负责人告诉周明臣一个信息，说有两家香港上市公司有意出售。周明臣认为这是融资良机，当即让那人与对方接触，并交了6000万港元订金。随后，周明臣赶紧向外经贸部打报告，但外经贸部无审批权。他又报到国务院，当时国务院主管人员答复说：这事不好办。

“但机会实在太难得，我们不能放弃。”周明臣连续找领导说明收购这两家上市公司对中粮的重要意义，但谁都不敢贸然行事。最终，周明臣决定“破釜沉舟”。1993 年下半年，中粮大胆收购了两家香港上市公司（中国食品和鹏利国际，前者后被周明臣更名为中粮国际），成功融资 17 亿港元。1994 年 8 月，中粮在美国滚动发行 2 亿美元的商业票据，又在香港通过银团贷款融资 6000 万美元。

据说，朱镕基还曾批评周明臣“无组织性、无纪律性”。但在一次国务院会议后，朱镕基用手指了指周明臣，对时任外经贸部副部长的谷永江（后曾任华润集团董事长）说：“他又赚钱了！”

中共十四届三中全会通过了后来被称为“五十条”的《中共中央关于建立社会主义市场经济体制若干问题的决定》，“五十条”分为 10 部分，分别讲述了 8 个方面的改革目标和主要内容，其中鲜明地提出了“建立现代企业制度是建立社会主义市场经济体制的基础和中心环节”。

因此，中粮吃外贸体制的饭还能吃多久？在周明臣被空降到中粮前的 1988 年，是中粮历史上重要的一个年份，这一年，外贸承包经营责任制全面推行，中粮开始从管理型企业向经营型企业转变。以前以管理为主的业务处成为经营性的子公司，先后成立了粮油饲料、工业食品、酒饮等 13 家子公司，深圳、上海、大连等地成立了 8 家全资子公司。中粮开始与外资和地方企业合资建立一些生产型企业。对此，中粮自己的总结是，这个阶段的中粮还是处于“撒胡椒面”阶段，也就是说并没有一个系统性的成熟的战略，当时什么赚钱就想投什么。5 年后的 1993 年，由于日本受灾，农业严重减产，急需进口大米，当时中粮获得了多达 107 万吨的大订单。表面看中粮的处境应该不错，实则不然。在计划经济时代，全国只有 20 多家外贸专业总公司，而到 1992 年的时候，包括生产企业和大量的外商投资企业以及科研部门，有外贸经营权的公司差不多有七八万家，形成了“千家万户搞外贸”的局面。特别是生产企业获得了外贸自营权后，可以直接将自己的产品出口到国外市场，不再需要外贸公司做代理。与此同时，我国的粮食进出口经营体制也发生了变革，国内粮食价格逐步放开，粮食进口和出口的补贴逐步取消，由原来的计划调拨改为代理，食用油、食糖等大宗农产品的进出口也逐步放开。在日趋激烈的市场竞争中，中粮传统的“皮包商”的经营模式受到了严峻挑战。

1995 年 8 月 15 日，中粮召开首届实业工作会议，确立了中粮要以实业为重要基础、建立“八大系列”的战略，这被周明臣称作是“一次非常重要的会议”。1996 年，中粮正式确立了实业发展战略。1998 年，中粮召开第二次实业工作会议，进一步明确了实业发展的指导思想，同时制定并细化了中粮实业发展的方向和战略。

通过 1992 年到 1997 年 5 年多的大变革，中粮改变了过去沿袭了几十年的单一外贸代理的经营模式，在食品加工领域建立了比较扎实的产业链，为公司赢得了新的生存空间。也正是这样，中粮才得以在以后的发展中做大做强了自己的产业业务。比如，在食用油方面，中粮年榨油能力 430 万吨，占全国五分之一，名列全国第一；年精炼油能力 140 万吨，占全国四分之一，全国第一；豆粕全国市场占有率 15%，列位第一；“福临门”小包装油市场占有率 20%，列全国第二。再比如长城葡萄酒，产品覆盖全国 70% 的地级以上城市，全汁干型葡萄酒市场占有率接近 40%，全国第一。值得一提的是，长城葡萄酒是唯一出口到法国、英国、比利时这些欧盟国家的中国葡萄酒，也难怪周明臣得意地说：“尽管出口量还不是很大，但意义非同寻常，人家可是葡萄酒的‘老祖宗’。我到欧洲，看到金发碧眼的消费者在超市买长城葡萄酒，我感到很自豪啊。”再比如“金帝”巧克力，市场占有率12%，列全国第二位，列国产品牌第一位。可口可乐方面，中粮控6家可口可乐装瓶厂，并负责13个省区的市场，另外参股11家可口可乐装瓶厂。啤酒麦芽，市场占有率12.5%，全国第一。而面粉，年生产能力100万吨，全国第一；其中，高档面粉生产量20万吨，市场占有率10%。中粮的产业链条初具规模。

而在1994年这一年，硬汉子周明臣也不由自主地流泪了：中粮凭借快速发展和实力大增而第一次进入《财富》全球500强名单。自此，中粮就一直连续入选《财富》全球500强。

1998年后，不满足现状的周明臣决定：中粮必须到香港上市！周明臣把中粮到香港整体上市的计划写成报告呈送给国务院，而在这个节骨眼儿上，国务院正在就广东国投、粤海投资的问题进行讨论。

从1999年的2月到5月，周明臣一直等着正式批示。没有把握的周明臣找到了外经贸部部长吴仪，表明中粮上市的必要性。当时，吴仪示意他先与周小川沟通一下。于是周明臣找到了时任中国建设银行行长和中金公司董事长的周小川。6月18日，周小川向吴仪递交了有关中粮到香港上市的报告。后来，朱镕基的批示是“拟同意”，周明臣拿到了上市的“路条”。

同年11月15日，周明臣带病进行全公司的重组改制和整体上市的战前动员。朱镕基先后在中粮重组改制上市的文件上做过4次圈阅和批示。

2000年2月21日，周明臣带着所有的高管人员到香港，向基金经理和媒体宣布中粮集团一揽子重组改制上市方案：将除粮、油、糖等政策性业务外的其他资产一次性地并入在香港的子公司——中粮香港，再分批注入在香港的两家上市公司“中国食品”和“鹏利国际”，前者成为中粮食品业务的旗舰，后者成为中粮的地产投资、酒店经营与物业管理业务的旗舰。

有趣的是，那时吴仪还在国外，等她回国后，知道了鹏利国际将要私有化（退市）消息，就打电话问周明臣。周明臣说了声“对不起，没向领导及时汇报”，然后把私有化的初衷原原本本地向吴仪讲了一遍。吴仪等上级领导就没再追究。中粮此举直接产生的资产增值有 7 亿多港元。

其实，谈到周明臣，一个接近他的人士说：“他有主见，一旦看准就非做不可，能够忍辱负重。”

很少有人知道周明臣上过“双规”名单。周明臣回忆，1997 年 1 月 9 日，当天上午他正在公司开会讨论发展战略。会刚开始，外经贸部领导就把他叫出去，要求他在规定时间、规定地点交代问题。有关部门当天收走了他的护照，规定他不许离京，随时配合调查。当晚 11 点多回家后，他痛哭一场，心里有说不出的委屈。经过半年调查后，周明臣被证明是清白的。

应该说，从 1990 年到 1999 年这一阶段，对于外贸类央企来说，也叫“市场转型期”。在这期间，除了中粮的“改革”外，中化集团[1]也在进行着一系列的自我蜕变。

1987 年 7 月，日趋开放的局势消除了外企对中国的戒心，众多企业对中国

① 本书中关于中化集团的再造故事，参考了相关资料和素材，以及相关作者的文章，但并未一一说明，笔者在此表示感谢。

庞大的消费市场眼红，纷纷来华投资，阿联酋奥泰巴石油公司就是其中之一。阿联酋这个以隼象征自己的国家自从发现石油就告别了以往的游牧生活，一跃成为世界上最富裕的国家之一，当然也就诞生了一批石油公司。奥泰巴公司欲在深圳建设炼厂，而面对日益开放的国门，坐立不安的中化则希望通过参与此项目来巩固已有的进出口经营权，同时通过与国外公司合作拓展国际化经营。在中化的邀请下，奥泰巴公司派来了访问团，同时中化更是请来了时任国务委员的张劲夫，在人民大会堂福建厅，和对方见面，可谓给足了面子。

双方谈得很愉快，会谈结束送走外宾后，张劲夫正要转身离开，中化的一位陈副总经理赶忙上前一步，拦了一下说："劲夫同志，我能不能再耽误您几分钟时间，想向您汇报一件事情？"

张劲夫有点疑惑地说："行啊，什么事？你坐下说。"

于是两个人在刚开完会的地方又面对面坐了下来。

"劲夫同志，您是主管中信公司的，中信成立没几年，依靠国家给的优惠政策，发展非常快。中化也是个老公司了，我们经营石油、化肥、化工品这些大宗商品也有几十年，在国外声誉也不错，也有很多客户渠道。如果能像中信那样也给中化一些特殊的政策，我们不需要资金的投入，我们也不要两亿美元，只要政策，我们可以在三年之内倒过来为国家贡献两亿美元。这件事外经贸部也很支持，但部里的权限有限，希望国务院和劲夫同志能给予支持，我们愿意成为国际化承包经营的试点。"这位陈副总经理一口气将在心里默念了几十遍的话全倒了出来。

听完这些话，张劲夫笑着说："这个很好啊，可以试一试嘛。你赶紧回去整理一下，把报告送到国务院发展研究中心季崇威那里。我会跟他说这件事，请他们研究一下你们的方案，给你们点意见。”听完这些，这位陈姓副总经理就返回公司，和其他领导商量此事。

第二天，中化就把报告递了上去。

几个月后，国务院办公厅发文，批准了外经贸部和国家体改委关于中化作为国际化承包经营试点的请示。

中化的“野心”不止于此，1994 年，国务院正式批准中化公司成为全国首家综合商社试点。

综合商社，在 20 世纪 90 年代是个非常“时髦”的词，它产自日韩，是其“贸易立国”的体现，曾为这两个国家的发展作出了巨大贡献，并因此使其享誉世界。20 世纪 90 年代正是综合商社的繁荣期，三井物产、三菱商事、伊藤忠商事、丸红商事、住友商事、三星、现代等，在当时乃至现在都是响当当的名字。1994 年的《财富》杂志世界 500 强企业排名中，第一名是三井物产，第二至第五是三菱、住友、伊藤忠和丸红商事，日本综合商社占据前 5 名，综合商社在当时的繁盛可见一斑。综合商社经营的商品种类极多，几乎涉及所有产业，它遵循社会化大生产原则，发展规模经济，拥有众多子公司，业务遍及全球众多国家和地区，具有金融、信息、资源开发、贸易、服务等功能。看到它们，想到自己的国际化经营规模日渐扩大，中化找到了未来自己的方向——综合商社。

因为早在这之前，伴随着中国对外贸易的逐步扩大，凭借自身石油、化肥、化工等进出口领域的独家垄断政策，外贸群体中的中化将其触角延伸到了众多领域，俨然是一艘多元化的“航空母舰”。用中化自己的话说：中化已经发展为跨行业、多功能、综合化、国际化经营的跨国集团。

当时的中化是全国贸易行业的旗舰，它的分支机构已遍布全球 20 余个国家和地区，其中驻在美国的中化美国公司办公地点就在被基地组织恐怖分子撞毁的纽约世贸中心。它在国外购买了化肥生产厂——美农化，购买了炼厂——太平洋炼厂，此时的中化不光在向其他各行业扩散，同时也在向传统贸易业务的上下游延伸。因为中化也明白：靠着做贸易不可能长期存续，必须向产业链的其他价值环节延伸。只是这时的中国企业多多少少处于探索的阶段，没有丝毫的经验可资借鉴，中化因而交了不少的学费：中化购买的美农化没有运营多久就因美国新出台的环保法案而关闭，还要背负长久的环保责任[①]；曾经令人骄傲的太平洋炼厂最后由于各种原因，效益也未达到预期的标准。这些项目很难用成功或者失败来衡量，因为并购本身充满风险，何况还是向陌生的生产环节延伸。

中间有一段小的插曲：1989 年，中化美国公司的员工翻阅杂志时惊奇地发现，中国化工进出口总公司被列为世界 500 强公司之一，激动的中化美员工当即跑上楼将这一排行拿给当地经理看。之后，这个消息迅速传达到国内总公司，领导人看见后更是兴奋不已。这是中国企业第一次登上世界 500 强排行榜（那一年有两家中国企业上榜，另一家为中国银行。到 2013 年时，中国企业在此榜的数量已经到了 95 家，这两家企业仍位列其中）。

综合商社试点被批准之后，中化试图建立自己的银行，但未被主管部门批准。不过主管部门同意中化将同属金融领域的外贸信托（中国对外经济贸易信托投资有限公司）收入旗下，中化集团第一次拥有了金融实体。在此基础上，中化将步子迈得更大，进一步投资扩张，子公司，甚至孙公司都拥有了投资的权限。

① 中化选择了消除污染的方法来解决美农化的污染问题，另一种选择是破产，前一种方式的花费远高于后者。此时的中化已经开始维护自己的海外投资形象，今天看来是很有远见的行为。

一时间中化的业务范围遍及各个领域，除了在美国投资的化肥厂和炼厂，它还涉足了化工品、油品储运、房地产、内贸，从山脚下的小饭馆到当时中国最高的上海金茂大厦都有中化的足迹。每年刚毕业的大学生也争相努力进入中化一类的外贸央企，那是舒服和体面的代名词。

接着中化被誉为中国的“第一综合商社”。

顶着一系列荣耀的中化，走到了事业的第一个巅峰，盛极而衰是中国历史的定律，只是谁都没想到，中化的灾难会来得这么快。

1998 年的《古惑仔》系列电影迷倒了无数青少年，尽管饱受成年人的诟病，街边录像厅门口挂着的放映《古惑仔》的预告牌依然格外醒目，路过的人不时还能听到里面传出打打杀杀的声音。中化就经历了同电影中的黑社会“大哥”类似的曲折、艰险，以及历经磨难后的辉煌。

1998 年的确是极不平静的一年，不论对中国，还是外贸“大哥”中化。

6 月的江西，滂沱大雨延续了近半个月的时间。鄱阳湖、洞庭湖区已经不堪重负。多年来被过度开发的长江流域已经难以阻挡汹涌的水流，爆发了影响中国 29 省（自治区、直辖市）的“世纪洪水”。成千上万的生命和数千亿财产被肆虐的洪水无情淹没。洪水无情，却凝聚了整个中国的感情，直至今日，仍有经历过那场灾难的人眼含热泪地回忆起那些在抗洪中抛洒热血的中国军人。

而正当无数解放军在齐胸的洪水中组成人墙，传送沙袋试图堵住大坝的裂缝之时，8 月，北京市一把手陈希同因腐败落马，昭示了中央惩治腐败的决心。

这一年，在另一个战场——经济战场，面对刚刚开放的国门，走私活动猖獗，赖昌星家族和他的厦门远华浮出水面。这个把公安部副部长、厦门海关 160

余名官员一起拉下马的农民匆匆逃往了加拿大，直至2011年才被遣送回国。20世纪90年代，走私活动在沿海城市极为猖獗，严重影响了正常的进出口，因此，国家开展了大规模的打击走私的行动。

刚刚就任国务院总理的朱镕基此时正一心思考着更为迫切的问题——国有企业的改革。国企改革在此时面临最窘迫的境地，国企亏损比例不断扩大，成了国家经济的严重包袱。接着中央对国企提出了的“三年脱困”的目标，即从1998年开始到2000年三年内，使国有及国有控股大中型亏损企业扭亏为盈，基本脱困。朱镕基再三警告那些由于管理原因而导致亏损的企业，一年亏损黄牌警告，两年亏损就要换人；而对那些吃里爬外、贪污受贿的企业领导人则依法严惩、决不手软。导致他如此紧张的不光是每况愈下的国企效益，还有徘徊在家门外的亚洲金融风暴。此时的亚洲金融危机已经横扫了新马泰、日韩等亚洲国家，欲在中国上岸。

1998年10月6日，中国人民银行发布公告，对广国投（广东国际信托投资公司）进行关闭清算。之前，这家公司参与了3000余个项目，涉足金融、证券、贸易、房地产、高科技等10多个行业。清算的初步结果是：原广国投总资产为214.71亿元，总负债361.45亿元，资不抵债146.94亿元。次年1月，广国投及其三家全资子公司被法院裁定进入破产还债程序。这是我国第一宗非银行金融机构破产案件。到破产之时，这家公司的高层居然说不清公司有多少资产、多少企业、多少员工、多少银行账户。更为重要的是，政府声明，这次不会像往常一样接管广国投，而是让其依法律程序破产，恐怕这是广国投的那些债权人始料未及的。在外国公司的概念中，中国企业的信用就是中国国家的信用。而广国投的破产让他们开始重新审视对中国企业的投资，也让中国企业知道哪些是自己应负的责任，而不是一味地由政府兜底。

此时的中国，资不抵债的国企又何止这一家？广国投只是当时国企金融机构状况的一个缩影。

广国投的破产和政府的表态严重地惊吓了饱受金融危机煎熬的众多外资银行，这些银行纷纷采取措施降低风险，并停止了对中国国内各信托公司的信贷业务。外国银行对华国有银行、国有企业、信托投资公司等的贷款大大降低，几乎全部停顿。1995 年至 1997 年，外国银行对中国企业贷款超过 100 亿美元，而到 2000 年，已经下降到 10 亿美元。与此同时，世界主要评级机构均调低了中国筹资体的信用级别。

此时的中化也遭遇了有生以来最大的一场灾害。

1994 年，中国信托业多年的乱拆借、高息揽存、房地产投资等违规经营活动埋下的隐患，在此时突然爆发。随着银行纷纷停止对信托公司的信贷业务，而兴盛一时的海南房地产行业泡沫刚刚破灭①，外贸信托已投入的资金难以收回，资金链产生了缺口，到期债务无法偿还，产生了严重的支付危机。

祸不单行，外贸信托资金链断裂后，外资银行以交叉违约为由，全面收缩了对中化的信用支持。对一个长期以外贸为生的企业来说，现金流就是业务运行的传送带，银行的这一举动对中化的影响是致命的。

中化旗下的伦敦石油公司由于长期从事石油贸易，应收账款数额巨大，现金流也在此时出现问题，产生了严重的支付危机。催债的银行堵在了中化伦敦石油

① 20 世纪 90 年代，海南产生了房地产泡沫，众多国企纷纷将资金投入房地产行业，当 1997 年左右泡沫破灭之时，资金已经难以抽身。而海南也出现了一幢幢的烂尾楼，成了当时众多倒闭的房地产企业的一块块墓碑。

公司的门口，以往客客气气的银行绅士们这时也顾不了面子，毫不客气向中化拍桌子、发通牒。中化人此时深深感受到了世态炎凉，以往时候银行也追他们，但是要贷给他们钱，现在同样追，却在追债，或许所有的银行都是“晴天打伞雨天收”吧。

局面仿佛仍在朝着更加危险的方向发展，也在1998年，中化赖以生存的独家进出口石油、化肥的权力开始削弱。这一年《国务院关于深化化肥流通体制改革的通知》打破了中化对化肥进出口的独家垄断；两大石油公司重组，并按照内外贸一体化的原则被赋予了原油和成品油的进出口经营权。其实早在1993年，国内石油公司与中化组成的联营公司（中联油、中联化）已经打破了中化的独家垄断的局面，但尽管如此，1998年进出口政策的突然大变动依旧是中化始料未及的。这意味着此后隶属“三桶油”的国内炼厂可以通过各自的母公司进口原油；掌握国内化肥渠道的中农集团也可以绕开中化进口所需化肥，并通过自身渠道销售。中化的政策性进出口贸易损失大半。这两个政策的出台对中化的打击是致命的，名义上虽说中化与中农都可以进口化肥，但是国内的销售渠道均掌握在中农集团手中，即使中化进口了化肥也没有渠道，他们也根本不懂国内的销售。此时中化的化肥团队要么出去单干，要么跳槽另谋高就，几十人的化肥团队几乎全部出走。石油方面也是如此，中化严峻的形势是可以想象的。

内因与外因的交织使得中化站在了悬崖的边缘，此时的中化账面净资产为85亿元，而历史上累积形成的不良资产和潜亏高达247.5亿元，逾期应收账款数额巨大。这么一算，中化慌了，因为他们资不抵债，濒临破产了。这个时候的中化仿佛一条行驶多年、即将退役的大船，一批批纷纷离开但编制仍在中化的员工事实上已经在外面有了新的工作，在这些离去的人眼里，中化已经没有了未来，就如同刚刚破产的广国投一样。

曾经带领中化叱咤风云，在国内外贸易界声名显赫的中化总裁郑敦训也因为已到退休年龄，即将满怀遗憾地离开这个他为之贡献了半生心血，此时却濒临死亡的公司，尽管他刚刚发起的自救行动——清理整顿尚未结束。

之后，在对外贸易经济合作部的再三催促下，刘德树空降中化。来到中化之前，刘德树在中国机械进出口公司正干得得心应手。当接到调往中化的通知时，他已经对中化的现状有所了解，知道那边状况一塌糊涂，但是作为一个国企的领导人，这样的调动他是无法抗拒的。于是，这个已经在国企工作了几十年的老员工，带着一套独特的经营管理理念和拯救中化的使命来到了这个陌生的、曾经中国最大的兄弟公司。

刘德树到任之后面临的仍旧是即将断裂的资金链。

首先是开源。还要靠自己，他带着秘书、翻译等一班人马四处拜访外资银行，经常受到银行职员傲慢的接待，可是在行将死亡的时刻，谁还能顾得了面子呢？经过多重努力，中化 2 亿美元商业票据成功展期。

其次，债务方面。中化与 30 多家债权银行进行谈判，将自身情况坦诚相告：如果中化破产倒闭，这些银行将损失惨重；如果给中化一次机会，让中化进行债务重组，中化度过危机就能偿还所欠债务，而且还能继续和银行保持良好的合作。最终，这些银行选择了第二种方法，中化成功与这些银行签订债权协议，进行了债务重组。

仅有上面的那些依然不能弥补资金链的缺口，中化仍然站在破产的边缘。虽然广国投事件后，国家已经明确发出企业自负盈亏的信号，但作为一个老国企，中化还是要努力争取，希望国家能帮助中化度过这次危机。在这里需要说明的是，广国投破产后，中国企业的信用指数已经大幅下降。而中化与广国投比，体量要大很多，且业务遍布全球众多国家，牵扯的均是国际贸易商、国际银行，如果中化自救失败进而破产，对中国企业和政府造成的影响将是不堪设想的。当时的高层不会没有考虑到这一点，几经讨论，决定通过另一种方式来营救它——贷款。因此，中化得到了中国银行2.5亿美元的国家专项贷款，尽管贷款利率高于基准贷款利率，但这一喜讯也足够让中化领导人高兴得手舞足蹈了。

对于这一系列灾难的发生与自救过程，其实当时中化的许多基层员工并不了解，许多中化人只是觉得业务没有以前多了，也没有以前好做了。倒不是中化的高层刻意要隐瞒这些，而是对于本来人心已经不稳的中化来说，如果将公司资不抵债的确切消息传达给员工，造成的后果将比危机本身更严重。资金匮乏可以通过各种办法解决，人心一旦完全涣散，恐怕局面就难以挽回了，因此人心的稳定也是此刻必须重视的内容。

经过了重重努力，中化的领导们使出了浑身解数，终于使中化稳了下来。虽然刘德树已经被刚刚度过的危机压得筋疲力尽，可是他没有时间去休息，他这个上任不久的掌舵人必须考虑，眼前的危机渡过之后，中化接下来的路该怎么走。如同一个坠崖的人在半山腰用尽全力抓住了救命的枝丫后，他还必须考虑如何爬上去，才不至于坠落崖底、粉身碎骨。

1999年2月14日，北京复兴门外的中化大厦迎来了一群外国公司的客人。这群西装革履、30岁左右的年轻人，是中化“节衣缩食”，用从牙缝里挤出来的钱请来的，他们来自全球最知名的管理咨询公司麦肯锡，这群长年服务于外企的年轻人也是第一次走进神秘的大型国有企业——在拯救危机的同时，中化内部开始了自身的洗练，他们称之为“管理改善工程”。这群外来的“和尚”被授予翻阅公司各种文献、档案的权利，中化的“家底”让他们看了又看，当然被很多老员工不理解。一来，公司当时经营困难，资金本身紧张，我们自己都全员减薪15%，为何要花一大笔钱请这帮人来？二来，当时的中化还未脱离自己的“牛气”，看着一帮30岁左右的年轻人来对我们这个“50岁”的公司品头论足，凭什么？多数员工认为，中化现在的问题就是银行不给钱了，这是亚洲金融危机闹的，金融危机一过，信贷一旦宽松，中化还会像过去一样辉煌。他们没有看到中化已经混乱不堪、步履蹒跚，一只脚已经迈向深渊。

最终，自上而下的强力推动使得各部门都参与到了这个诊断中，也使员工们渐渐理解了其中的意义。

经过了一段时间的观察和对大量工作人员的访谈，麦肯锡得出了结论，给当时的中化定了性——“个体户的联合体”，同时也对中化的经营现状进行了评价：中化不是在创造价值，而是在破坏价值。麦肯锡通过大量的数据计算，最后得出中化的整个投资回报率居然是负值，因此下了中化“破坏价值”的结论。

这下在中化内部炸开了锅，几十年的国企居然被叫作“个体户的联合体”，简直是侮辱。而且把中化形容成一个“破坏价值”的公司在他们看来也是完全没有根据的。也许只有对公司现状深入了解的中高层才明白，过去有没有破坏价值暂且不说，1998年的中化一定是在破坏价值。中化各业务板块之前并不是由合理的管控系统管理，而主要由各业务经理、分公司经理把控，各业务经理就是一个个个体户，利用中化本身的影响和资源拓展业务，将这些众多的个体户联合起来就构成了中化整体的业务。要不是局面分散，导致管理失控，可能今日中化面临的问题也不会如此之大。

其实中化的弊病在麦肯锡来之前，刘德树已经了然于胸，但是他“空降”到中化也不过才一年时间，单靠他自己来推动这个存续了几十年的体系变革，是不现实的。于是他请来了“外来的和尚”——麦肯锡来“念经”。“经”念出来以后，真正的变革拉开了大幕：资金集中、财务集中、风险管理、破“三铁”（铁饭碗、铁工资、铁交椅）、战略质询、ERP（企业资源计划系统）上线等，中化在1999年的每一天都有新的变化。

面对1998年的局面，中化已经没有别的路可以走，只有硬着头皮往前闯，改革！中化高层开始强力推动体系的变革，不能适应新体系的员工只能请您另谋高就。垂死挣扎的中化已无暇顾及自己的面子了，活下去才是最重要的。

1999年的资产管理部可能是那段时间最为繁忙的部门之一，他们四处催收逾期账款，维护中化的合法权益。中化过往业务急速扩张中所做的形形色色的荒唐事，至今还作为员工学习的教材、教训。因此，中化每年学习、培训课程中的案例很大部分是自己公司的经营案例，它会将中化某一个下属公司的经营教训通报到全集团。真正能使人进步的往往是那些经历过的挫折而不是取得的成就。正是经历了那一段岁月，中化才懂得了不断地反省自己，总结自己。

新的东西多起来，人们才会在对比下发现旧体系的缺点，随着中化管理改善工程的不断推进，中化员工慢慢地理解了这一套新的管控理念。这些新的流程、理念的确立使中化渐渐回到了正轨，中化也适应了新的一套管理理念。

经过这一轮无情的洗练，中化已然脱胎换骨，重踏征程。不过它没有抛开“包袱”，反倒将包袱背在了肩上，包袱里是一个又一个惨痛的教训。也正因为背负如此厚重的“包袱”，中化的重生之路才走得更加厚重。

同期，中国五矿也进行了一系列的探索和变革，尽管遭遇了很大的挫折，但积累了宝贵的经验和教训，更重要的是对市场经济规律和企业发展规律有了深入的认识。

1999年这一年过后，中国五矿上下心里都“不好受”，因为这一年，公司的出口额降至14.8亿美元，为改革开放以来的最低值。中国五矿当时的处境可想而知。

但进入新世纪之际，随着苗耕书“掌印”，中国五矿开始进入一个新的时期：战略形成期。这个时期，中国五矿奉行以战略为先导的发展模式，并通过内部资源整合，形成了清晰的“6＋2”的业务格局。2000年，中国五矿确定了积极延伸金属矿产产业链的发展战略，上游控制矿产资源，下游发展分销网络，其后深化战略转型与内部改革，经营规模开始持续高速增长。

从此，恐龙式央企部落开始形成。

再重塑：央企“王牌”与掌舵者们

无论是在2005年战略目标初定之际，还是在2008年到2009年的金融危机漩涡中，周中枢和领导班子，都在一直带领着中国五矿不断地实行着突破式发展。成功并购OZ矿业公司那一役，惊心动魄，锲而不舍的精神让人难忘——正如很多人所说的那样，中国五矿完成了一个个“看似不可能完成的任务”。

——《使命的力量》

2004年12月28日下午，中粮集团会议室，周明臣宣布退休，原华润集团副董事长、总经理宁高宁——明星级央企领导人，接替周明臣任中粮集团董事长。自此，中粮开始进入了宁高宁全面掌舵的时代[①]：从职业经理人到领导力、从6S管理工程到全面平衡记分卡，从奉行最低成本论到品牌重塑、中粮变脸，从重组业务链条到打造多家上市公司……宁高宁确定了中粮一系列的发展思路和发展愿景。

其中最核心的就是重新定义并明确中粮新的商业模式和发展战略。“中粮集团的商业模式实际上就是在粮食的加工产业里面，做到了从贸易、流通、生产、销售到食品的全价值链。过去我们的价值链是断的，容易被政策原因或者市场原因冲击。”宁高宁用这段话概括了中粮发展的基本逻辑，并确定了集团有限多元化、业务单元专业化以及“从田园到餐桌”的全产业链战略。

① 关于宁高宁全面掌舵中粮并继续领导中粮再造的故事，详见笔者的专著《谁人不识宁高宁》，中信出版社，2006年。

2007年1月，中粮将旗下的30多个业务单元集中于中粮贸易、中国粮油、中国食品、中国土畜、地产酒店、屯河公司、中粮包装、中粮发展、金融事业部九大板块，由此使中粮形成了多元化投资控股的框架，从而使中粮的业务战略更加清晰。

与此同时，宁高宁率领中粮重组资本平台，从而打破业务限制，并最终建立了拥有多家上市公司的“中粮系”资本平台：中国食品（0506.HK）、中粮控股（0606.HK）、中粮地产（000031.SZ）、中粮屯河（600737.SH）、蒙牛乳业（2319.HK）、丰原生化（000930.SZ）6家。对此，宁高宁的想法很清晰：“我们目前希望能够把每一个业务单元专业化，不再受多元化配置资源的困扰。希望每一个专业性业务都可以上市，通过上市使这个专业公司进入新的发展轨道。”

而宁高宁在设立中粮新的发展战略以及重组资本平台的同时，也深切地意识到团队建设、职业经理队伍的打造、企业文化以及领导力培养等方面的重要性，毕竟战略成功与否要看战术与执行力。因此，宁高宁又通过内刊《企业忠良》，忠良书院以及中粮研究院等平台积极推动着中粮的职业经理文化再造、战略研发、领导力培养等工作，成绩斐然。

2009年7月23日，国资委公布了2008年度中央企业负责人经营业绩考核结果，中粮再度入围业绩考核A级企业榜单，列第18位。2008年实际纳入国资委考核（或测试评价）的中央企业共145家，其中A级企业32家，占22.07%。而在2007年度中央企业负责人经营业绩考核中，中粮集团首次入围A级企业，列第32位。可见，国资委对中粮以及宁高宁所取得的成绩给予了极大肯定。

当然，中粮的故事还在继续着[①]。

后来，在2010年“两会”期间，《第一财经日报》的资深记者马晓华女士有机会对宁高宁做了一次深入访谈。在这次访谈中，宁高宁对自己在中粮集团5年工作的自我评价是“满意”，他用了一连串的词语来表达：队伍进步很快，整个团队信心很足，专业性很强，冲劲很大，已经团结为一体……而中粮的最核心变化则来自于理念和战略。正如宁高宁自己认为的那样，“自我生存的意识，产品意识，客户意识，竞争意识以及战略布局意识等都明显增强”。

同时，他认为来到中粮工作，对于自身的人生经历也是一个丰富，自身收获很大。尽管宁高宁一再谦虚地表示“自己也在学习和实践，其实对中粮所起到的作用也很有限”，但其实，在中粮这5年间，宁高宁所面临的挑战和困难程度也只有他自己最清楚明了。刚到中粮的时候，宁高宁曾经感觉自己不是很习惯，从气候、谈话方式、用词到工作节奏等方方面面。因为此前他一直在华润工作，而华润的总部在香港。但是几年下来，他与中粮都发生了改变。

而能够激发中粮再造与活力的“兴奋剂”，“精神物质都有，从使命，理念，人生的定位，自己该怎么做，与公司、社会的关系，这个是和实际联系到一起的，现在公司里每个人都很自豪，在公司里面对工作很有热情，也得到了经济上的收入提高，这样一个整体就循环起来了”。

就这样，宁高宁带领着中粮人一步步在“摸着石头过河”。正如前文所述，2005年10月18日，宁高宁在北京宣布了中粮集团未来的5年战略目标。而在随后的2009年，中粮再次入选世界500强企业，同时旗下还拥有多家上市公司，

① 关于中粮这20年的转型与再造故事，请参考笔者撰写的两部专著《宁高宁空降北京前后的中粮命运》与《谁人不识宁高宁》。

2008年中粮业绩更是达到历史最高水平，资产和营业收入都超过上千亿元。此时，距离宁高宁空降到中粮时的宣言——“用5年时间使中粮成为中国粮油食品业真正最强大的企业”正好5年。同样在这5年里，宁高宁一如既往地纵横捭阖，带领中粮全面实践全产业链战略，致力于“从田园到餐桌”的安全食品链的打造。

也正是全产业链的战略，让宁高宁开始强烈地感受到中粮正在变得更有凝聚力：“(全产业链战略的明确）一下就把大家的积极性给拉起来了，大家都觉得目标很明确，互相之间协同的意识也非常强。过去是一人一小块，现在是赢在这个系统和整体，而不是赢在某一个小环节。所以现在中粮的整体协同效应也很大，已经开始‘一盘棋’。”

但宁高宁却告诫说，产业链战略慎行。在宁高宁和中粮的全产业链战略的带动下，时下大兴“产业链战略热”，对此，宁高宁直言不讳地表示：“这个不容易，不是谁都能做这个事情，要有一个基础。规模的基础不同，产业链里面的深度也不一样。中粮是把以前的产业梳理一下，才形成目前的新商业模式。如果一个企业从一开始就要去做这个东西，没有这么多年的历史，没有这个规模，那是比较难的，也可能是只做局部吧。”

实际上，全产业链战略的挑战很多，包括自身能做多大的深度，产业链之间怎样协同，上下游之间怎样变成一个合理的结构，组织架构怎么做调整，产品是否能够体现出产业链的优势，以及成本、质量、研发怎么控制等。按照宁高宁的说法是，“这是一个大机器”。

为了实现全产业链的目标，中粮首先要解决的是如何打造粮食流通能力——这其中既包括了对上游资源的把控，也要求中粮必须在短时间内打造出自己的物流系统。众所周知，在长期的市场竞争与兼并过后，欧美国家以仓储为基础、工业为支柱、贸易为龙头、物流为延伸的大型粮食跨国公司和粮食企业集团，已经成为当代粮食物流的主要代表。我国的粮油行业如果还是分散作战，将很容易被跨国巨头侵占市场。

中粮虽然承担了我国95%以上的粮食进出口贸易业务，但由于受到国内粮食内、外贸旧体制的限制，中粮内、外贸一体化经营一直难以实现。国内缺少粮食专用码头、仓储等基础设施，导致中粮的粮食物流体系严重滞后。如何突破这种困局？中粮必须在仓储和物流两端下功夫，重组整合中谷就是一个方向。成立于1994年的中谷由原来的粮食部、商业部、内贸部等有关国有粮油经营实体改制而来，资产总额近百亿元，拥有20多家全资、控股子公司及海外机构，在国内控制珠江、长江、黄河流域和东北、内蒙古、京津塘地区等重点经营区域，有购销网络、仓储运输、粮油加工和科技开发等运营体系，营销网络基本覆盖整个中国。与中粮的“实业+进出口代理”的业务结构不同的是，中谷已经具备了粮食产业链和物流链，这恰恰是中粮最需要的。

然而一直以来，由于中谷的一些部门是由行政机构改制而来，下属的分支机构规模并不大，想要做大规模就需要掌握更多的粮源。为此，中谷的高管曾提出，除了低成本的扩张以外，要在产区选择10个商品粮基地大县，收购当地县级粮食公司，直接控制网络，但却一直苦于没有资金。过去，中谷的资金基本源于银行贷款，但是由于其净资产规模有限，加上已有的85%左右的负债率，想要再从银行贷到足够的钱并非易事。显然，中粮的入主对缓解中谷的资金压力大有好处。同时，中谷的经营区域、购销网络、仓储运输、粮油加工和科技开发以及营销网络等优势，正好解决了中粮的困难。

即使如此，眼下中粮的仓储物流优势还未真正形成，而这也恰恰是中粮的全产业链价值战略所面临的极大挑战。仅以与中粮合作最紧密的ADM为例，其在年报里曾如此描述自己的能力优势：“拥有2万多辆铁路车、2250艘驳船和1500个货柜车的ADM运输队，连接着500个谷物仓储存升降机和240多家加工厂……”而在中国，ADM已经迅速地在秦皇岛、烟台、连云港等成立了很多仓储物流公司，很多客户之所以选择ADM，很大程度上也是因为其管理物流的能力很强。反观中粮，中粮2004年11月20日卖掉了鹏利国际16艘散货船和管理队伍，仓储物流也随之被削弱。

尽管中谷已经归于中粮旗下，但似乎还不够。2012年7月，国资委宣布对华粮集团领导层进行调整，中粮集团副总裁迟京涛出任华粮集团总经理兼党委副书记，两家企业的整合渐趋明朗。而华粮集团在东北、长江、西南、京津地区的四大粮食运输走廊和铁海联运、铁路散粮入关两条粮食运输通道将纳入中粮集团的物流体系中。至2015年，中粮集团将具备粮油物流中转3300万吨、国内及进出口贸易4700万吨、农产品加工7700万吨的经营能力。

实际上，中粮此举无非是其欲激活全产业链价值战略的必然反应。因为通过收购中谷粮油集团，中粮完善了其采购、仓储和贸易等环节，增强了物流能力，而华粮的资源优势则能继续完善其价值链，这对致力于发展食品业全产业链和米业深加工的中粮来说，显得至关重要。

不管怎样，有一种越来越被认同的观点是，国际四大粮商正是凭借着自身的仓储物流优势，控制住了谷物生产者和贸易流量，再通过期货市场的套期保值掌控定价权，然后开始投资建厂，获取原料采购权，强化产业链，并通过一种贸易的方式获取不菲利润。而这也恰恰是中粮等中国大粮商企业难敌国际四大粮商的重要原因之一。所以，宁高宁所率领的中粮，只能“小鸡快跑”。

同时，成为“一个整体性的企业”，对于类似中粮这样奉行全产业链价值战略的企业而言是极其关键的。但中粮成为“一个整体性企业”的难度，尤其是整合类似中谷、中土畜、华粮以及蒙牛乳业等这些大企业的风险何其大。一个是创新组织结构，另一个则是协同效应，都是难点，仅仅做到前者似乎就已经不易。

正如中粮集团董事长宁高宁在一次与中土畜公司经理人对话时所讲：“在全世界任何地方，大型企业合并都会给企业带来极大的风险，因为两家公司合并必然带来新的矛盾。文化融合可能是最大的挑战。中粮必须系统地把集团内的资源综合利用起来，建立起创新的组织架构、评价方法和年轻、活跃的、面向市场的消费品公司企业文化，并持续推动。”宁高宁说这番话并不是没有来头，他已经感觉到中粮有效整合中土畜的这一过程将相当不易。

协同化的高低决定了整个企业资源的利用充分度。所以，面对中粮庞大的业务单元，“协同”一直是中粮经理人们沟通中运用最多的词汇之一。如今，中粮将“协同”作为集团考核评价指标之一，希望不同部门之间真正通过协同，连成一个整体，为客户提供更优质的服务，降低成本。同时，还要构筑内部协同文化：买卖的上下游关系，达成一种最直接的协同；互相之间共享服务、共享品牌、共享渠道、共享 IT（信息技术）资源、共享物流、共享风险管理等；在此基础上，再共享文化、共享财务资源、共享规模优势等。

然而众所周知的是，大企业内部很容易形成不同单元和部门之间的分割、松散，甚至互相之间的摩擦和矛盾。因为位置不同，角度不同，利益不同，业务环节不同，不同层面员工的认识水平也不同。大企业在貌似强大的外表下，可以变成许多各自为政的小组织，尽管看起来规模很大，但整体竞争力会很弱。如果再加上公司的多元化、不断并购进来的部分，以及国际化和不同地域的业务，企业就更面临着大企业在庞杂组织架构下难以形成一体化竞争力的问题。

但究竟要如何实现？眼下的中粮距离真正的“一个中粮”的目标究竟还有多远？这还是一个未知数。

2004年年底，中国五矿“老兵”周中枢“接盘”五矿这家身躯庞大的央企。在2008年这个全球金融危机肆虐的年度里，中国五矿化“危”为“机”，一口气收购了位列澳洲第三大矿业公司的OZ矿业，上演了一场中央企业成功并购国际大牌矿业公司的经典之役。恰恰在这个年度里，中国五矿全年实现经营额277亿美元，营业收入1853亿元人民币，“5年再造一个新五矿”的战略目标提前两年基本实现。起步于1950年的中国五矿，历经一个甲子的岁月沧桑和砥砺发展——经营规模突破100亿美元用了53年，而从100亿美元到200亿美元却只用了4年；利润达到10亿元用了54年，而从10亿元到60亿元却仅仅用了3年。

毕业于上海外国语学院西班牙语专业的周中枢，1970年参加工作，曾任中国驻智利大使馆商务处随员。之后，他将自己的一双脚踏进中国五矿的大门之后，就再也没有离开过，即使期间被派往西班牙任中国驻西班牙大使馆公使衔经济商务参赞，实质上也没有脱离开中国五矿这个系统。而恰恰是做外交官的这段经历，让其受益匪浅，为他日后代表中国五矿多次与智利、西班牙等政界商界人士打交道助力良多。他说，他非常感谢党和政府对他的培养，但同时，他也以他几十年的年华和热血回报了这个国家和中国五矿这个企业——从基层业务员做起的周中枢，历任五矿总公司七处副处长，中国五矿总公司南美五矿执行副总裁，五矿总公司五金制品公司总经理，五矿总公司总裁助理、副总裁，五矿集团党组成员、副总裁。

在中国五矿一干就是几十年，周中枢显然对央企的经营与管理，有着非同一般的感受和见解。他直言不讳地说："领导中央企业，必须仗仗胜仗仗赢，五打三胜是不成的。"原因很简单，由于中央企业身份的特殊性，就必须要有高度的政治责任和社会责任，对国家和人民负责。中国五矿也是如此。

而中国五矿之所以业绩显著、进入世界500强，一个重要因素就是企业战略清晰。在2005年这一年，中国五矿根据企业发展的现状和外部要求，进行了详尽的调研与分析研究，尽快明晰企业的战略发展新航向，果断决定以推进战略转型为突破口，积极加快业务结构调整，深化体制机制改革，创新经营管理模式，塑造国际化企业形象，全面提升核心竞争力，开始了新的战略转型征程，从而保证中国五矿这艘央企"航母"更快更稳地继续前进。

第二年即2006年，中国五矿进入"战略布局之年"。这一年，中国五矿与湖南、西藏、天津、甘肃、辽宁、安徽、青海等省（直辖市、自治区）签署战略合作协议或专项协议，初步完成了在西部、中部、东北和环渤海经济圈的区域经济合作战略布局，为获取优势资源占领了制高点。在区域经济合作的大力推动下，中国五矿成功收购湖南二十三冶建设集团，实现了产业链新的延伸，并将其作为进军湖南省的桥头堡，为后续参与湖南区域有色金属资源整合埋下了伏笔。此外，中国五矿还成功收购安徽诺普矿业有限公司，新增铁矿资源量1.05亿吨；与辽宁省正式签署了开发建设面积达20平方公里的辽宁（营口）沿海产业基地五矿产业园区的合作协议，以及营口中板厂国有产权无偿划转协议，并决定正式启动营口宽厚板升级改造项目。这一年，中国五矿与智利国家铜业公司、国家开发银行共同签署了联合开发智利铜资源项目融资及合资协议，联合投资开发智利铜资源。而在管理提升方面，中国五矿开展了规模最大、人数最多、覆盖面最广的信息化建设工程——ERP V5 工程，并使其快速上线投入使用。

2007 年，周中枢又及时提出“深入推进战略转型”的重要任务，在年度报告中首次确定了集团新的产业结构，即黑色金属、有色金属、金融、物流与房地产建设等五大主业发展格局，战略思维也由商品经营向产业经营转变，为中国五矿更好、更快地发展成为具有国际竞争力的金属矿产集团奠定了坚实的基础。这一年，中国五矿获取南非 1500 万吨铬矿勘探权；与毛里塔尼亚国家矿业公司签署了合作开发塔扎迪特（TAZADIT）铁矿项目总协议；联手江西铜业公司斥资 4.45 亿美元共同收购加拿大北秘鲁铜业公司 100%股权；出资 1470 万欧元收购德国 HP Tec——世界第五大微型钻头和铣刀生产企业，增强钨制品深加工能力和销售能力；安徽泥河大型富铁矿勘探项目取得重大进展，实现在中部地区深部找矿的重大突破，并作为公益性地质工作拉动商业性地质工作示范项目，参与了长江中下游庐枞地区整体勘探，创建了“泥河模式”。也是在这一年，中国五矿首次进入美国《财富》杂志世界 500 强企业榜单，同时在中央企业第一任期考核中被评为 A 级并被授予“业绩优秀企业”称号。

2008 年，由美国次贷危机引发的金融危机全面爆发。面临国际与国内经济形势的巨大变化，中国五矿提出了“四个不动摇”的战略目标，即“五年打造一个新五矿”、确保国资委业绩考核 A 级、保持世界 500 强企业地位、狠抓节能减排与安全生产工作等 4 个方面的不动摇。这一年，中国五矿继续保持经营增长，全面完成国资委下达的年度业绩考核任务，规模与效益均创历史新高，提前两年基本实现了“五年打造一个新五矿”的发展目标，为改革开放 30 周年献上了一份厚礼。

2009年，全球金融危机愈演愈烈。中国五矿又提出“科学发展上水平、三年实现新跨越”。在金融危机的逆境中，一方面，寻求新一轮业务结构调整与发展方式转变，对战略与业务进行了再思考，对战略愿景进行调整，将“国际领先的金属矿产企业集团”调整为“具有国际竞争力的金属矿产企业集团”，更加突出竞争能力建设，将总体业务架构调整为“大矿业＋大流通＋多元化”。其中“大矿业”包括资源勘查、黑色矿业开发、有色业务、资源勘查开发技术等业务，“大流通”包括钢铁冶炼生产、金属产品流通、物流配送、金属深加工等业务，“多元化”包括相关多元的金融业务和非相关多元的地产建设业务。在三类业务中，大矿业与大流通被确定为中国五矿的核心业务。另一方面，紧紧抓住金融危机带来的产业调整机遇，在周期低点开展了一系列重组并购；一批工矿企业和科研院所相继加入，科、工、贸一体的大产业链布局更加完善；成功收购澳大利亚OZ矿业公司核心资产；与长沙矿冶研究院、鲁中冶金矿业集团公司、湖南有色金属控股集团有限公司实施战略重组。

2010年，正值公司60周年大庆之年，中国五矿开展了10年来最大的一次内部资源整合和组织变革工作，提出了新的两大跨越发展目标，并在这一年的年底，12月16日，宣布集团整体改制工作圆满完成，中国五矿股份有限公司正式成立。这标志着“一家建立了现代企业制度的、具有竞争力和国际领先的金属矿产企业集团的诞生”。同时，周中枢郑重宣告：中国五矿将由战略转型期进入战略提升期！

现代新国企必须成为具有市场导向的新型竞争主体，这有别于非市场导向，或凭借绝对垄断资源占据优势的竞争主体。中国五矿从单纯贸易型阶段，转型到资源型阶段，这恰恰就是中国五矿发展成为相对充分竞争型企业，最后锻造成为现代新型国企的过程。

走完一个甲子，面向“十二五”，中国五矿可以安于目前已经不错的现状了吗？周中枢和他所领导的中国五矿，给出的答案是：“NO!”

2010年12月16日这一天，中国五矿股份有限公司（简称五矿股份）在京召开了创立大会暨第一次股东大会，五矿股份正式成立。五矿股份是中国五矿集团担当主发起人，联合中国国新控股有限责任公司和中国五金制品有限公司共同发起设立的股份制企业。五矿股份成立后，中国五矿集团作为控股股东对五矿股份行使国有股权管理职能，五矿股份成为中国五矿集团主营业务的运营主体。

有媒体评述说，中国五矿继60年发展历程之后，无疑又往前走了“一大步”，并为选择合适的时机整体上市，做好了铺垫。

与改制同步进行的，也恰恰就是“10年以来最大的一次组织变革”——业务结构与管控模式的调整，自此，中国五矿形成了六大战略业务群，并设立六大中心。

如今，中国五矿将眼光放到了自己成立70周年甚至100周年之时：到2020年时五矿要发展为具有国际竞争力和影响力的金属矿产集团，到2050年时发展成为广受尊敬的国际一流的创新型企业。在2013年“梦”的话题萦绕中国大地之时，这也成为中国五矿的梦。

同样，中化集团也在努力地重塑中。

2001年6月27日的晚上，中化大厦的22层北大厅人头攒动，厅前正中挂着一条大红横幅“中化国际南移欢送仪式”。中化的中高层几乎全聚集在此，这个长期陪伴在“母亲”旁边的孩子——中化国际很快即将远行，奔赴上海。他们将离开这座熟悉的中化大厦，面对陌生的环境、陌生的朋友、陌生的生意伙伴。

一部分人不舍得离开生活了多年的城市和家人，选择了离开中化国际；更多的人挥泪告别了妻儿，跟着中化国际这个“家”奔赴新的征程。

1998年时，中化在重塑自身管理体系的同时开始了业务的重塑。中化国际主营中化集团旗下的橡胶、化工品、塑料和储运业务，刚刚步入21世纪就走向了资本市场，在A股上市，成为中化集团内第一个上市的公司。但是由于中化国际和总公司并未完全分离，在机制、管理体制、资金方面并未完全脱离母公司的影响。此次南移，正是出于此种考虑。让中化国际脱离母体，到上海去“创业”。

临别时，刘德树满怀深情地说：“中化国际在上海不论遇到什么困难，都要想到你们代表的是中化公司，你们是全体中化人的希望，是在完成一个光荣的历史使命。”

当然，除了以上考虑，上海优越的地理位置、政策形势、金融地位、经济辐射能力等在国内均首屈一指，对于一个希望获得长远发展的国际贸易公司而言，上海所具有的优势是其他城市难以比拟的。

如今，中化国际已成长为中化集团化工板块的旗舰，其多项业务在国内乃至世界都极具竞争力，如化工品储运、橡胶生产和化工品贸易等。业务模式清晰且日渐成熟，这份答卷不知道它的母公司能否满意？

被严重冲击的化肥业务又如何呢？当《国务院关于深化化肥流通体制改革的通知》出台后，中化的独家垄断权力没有了，出现了一个强力的竞争对手——中农集团。后者在全国各省市均有自己的农资公司、销售站，从这一方面来说，中化几乎和中农没有竞争的可能性。

回想一下之前那个傲慢的中化吧，为了应对农时，各省的高层甚至经常到中化要化肥——那时用“要”化肥这个字眼甚至不合适，用“求”字可能更贴切一些——而中化如果有个科长给某省副省长10分钟时间，那就很给面子了。然而，现在如果还是那样，不用多想也能知道后果是什么，因为现在能进口化肥的不光是你中化一家了。他们甚至会记起中化垄断时自己所受的屈辱，而刻意不要你的化肥，这些都是人家的自由。

中化化肥公司能做的，就和平常的化肥公司一样，去找货源、找客户。一开始是在地方铺办事处，因为办事处规模小一点，人力成本也要低一些（前面提到过，1998年亚洲金融危机时，化肥公司的人大部分离开了中化，此时的人力队伍基本从零开始），当形成了一定的规模之后，发展成了分公司，随着分公司越来越多，业务也逐渐开展了起来。中化化肥公司的人跑基层，拜访客户，谁能想到垄断时甚至没见过化肥的中化人在这时不光要每天数化肥，还要见农民、看庄稼，而且要反复地观察。

不知出于何种原因，此阶段的中农仿佛心不在焉，并未给中化在铺销售渠道上形成多大的竞争压力。中化化肥公司能利用竞争对手松懈的间歇急速发展，可能也是它死而复生的另一原因。不论如何，中化化肥公司终于形成了自己的渠道，同时不断并购了一些化肥生产厂家，参股了盐湖钾肥，并利用自身的优势，与世界最大的钾肥公司——加拿大钾肥公司建立了战略合作并相互持股。2005年，重生的中化化肥公司走向了资本市场，在香港买壳上市。中化集团的化肥业务相继整合进入上市的中化化肥股份有限公司，后者也成了中化集团化肥业务的旗舰，与后来的沈阳化工研究院、中国种子集团公司等一起构成了中化的农业投入品业务板块。

除了化工和化肥，中化的第三个支柱是石油，而这一中化最具“感情”的业务似乎注定发展得不会那么顺利。石油这种黑色的液体对中化产生了深深的吸引力，中化的历任领导都有一种“石油情结”。中化从出生那天起就在接触石油，曾多次尝试从贸易环节向上游和下游业务延伸。20世纪90年代，中化先在美国购买炼厂（太平洋炼厂），后又与多方合作在大连建设西太平洋炼厂，中化为最大股东。单从这两个炼厂的名字就可以看出中化的炼厂情结，可惜前者由于受市场波动影响及自身经验缺乏的原因经营不佳，后者由于更为复杂的原因使得经营权旁落。之后中化一直也在努力，它曾尝试在黄岛建炼厂，也曾从海外入手，试图登陆韩国仁川，但相继以失败告终，即使现在，中化的老人提起仁川炼厂的收购失败仍觉惋惜。时隔多年，中化的首个炼厂——泉州炼厂已投入建设，中化的炼厂梦终于实现，不过前方的道路仍不平坦，仍充满了艰辛。当前国内炼化能力已经趋于过剩，如何构造自己独特的竞争力还需要中化仔细考量。

而后来为涉足石油勘探开发而成立的中化石油勘探开发有限公司情形略好，但由于国内勘探开发的资源紧握于三大石油公司手中，中化只能在海外小打小闹，买一些小区块来历练自己的队伍。近几年，随着队伍的逐渐成熟，以及管理运营经验的丰富，中化在产业链上游的步伐开始扩大。2010年时，中化抛下大本钱，以30.7亿美元入股巴西石油公司，完成了中化石油勘探开发有限公司成立以来最有分量的一次交易；2011年，中化收购了法国佩朗科（Perenco SA）在巴西5个深水天然气和油田区块10%的权益；2013年8月，中化再次拟斥资15.43亿美元购买巴西国家石油公司（Petrobras）所持有的BC－10区块35%的权益。中化在坚持自身石油贸易及仓储优势的同时，正在迅速通过参与上游勘探开采获取经验。

此外，颇费周折的泉州炼厂于2013年年底左右建成投产，中化终于拥有了自己的石油炼化业务，补足了产业链上的关键一环，并继续推进其贯通石油产业链的战略目标。但即便如此，中化石油勘探开发有限公司的体量也无法与国内三大石油公司相提并论。此外，在产业链最末端的油气分销领域，三巨头牢牢掌握着渠道，中化想要在这一方面获得大的突破非常困难。现在整个中化的石油产业链中，石油国际贸易仍然是绝对主力业务——虽已涉及了产业链的每个环节，但真正形成价值的却很少。待国内石油勘探和流通政策放开之时，或许也就是中化展翅翱翔之时。

除了以上的传统板块，中化的另一大业务是房地产，旗舰自然是方兴地产。这个在 2009 年以 40.6 亿元拿下广渠路 15 号地块的地产公司曾遭到各方痛批，而细观方兴地产我们会看到，其真正的主业是商业地产而非住宅，从 20 世纪接手的遗产——金茂大厦，到各高档酒店、写字楼，方兴地产楼盘的出租率在业界都排在前列。但是在央企涉足房地产业饱受诟病的今天，即使地产业务早已成为中化的主营业务，方兴地产也只能尽量低调。金融板块的远东租赁同样经历了南迁和痛苦的蜕变，如今业已成为金融租赁行业的佼佼者，并成功引入了 KKR（全球最成功的产业投资机构之一）、GIC（新加坡最大的投资机构）等全球顶级战略投资机构作为国际战略投资者。2011 年 3 月，中化在金融领域的旗舰——远东宏信登录 H 股（至此，中化旗下的化工、化肥、地产、金融四个业务板块各拥有一家上市公司），成为国内第一家上市的、以融资租赁为主要业务的金融公司。其金融公司的上市再次体现了中化走向市场的战略决心，并且通过透明的监管和股权多元化，其治理结构、业务结构也将不断得到优化。加之日益规范、效益见好的外贸信托等公司，中化的金融业务正在逐步做大。经历了 20 世纪末痛苦转型的中化已经蜕变为一个主业较为明确的大型集团，将已有业务进行了有效的整合，并不断吸收新业务，形成了化工、化肥、石油、地产、金融五大主营业务板块。

然而，中化对挑战也不可能视而不见：石油板块上下游环节如何获得突破性进展，波动频繁的石油贸易如何发挥优势；化肥生产过剩，如何保证效益，这项与粮食安全息息相关且受政策影响极大、价格波动不断的业务如何稳定，中化如何在该领域发挥一个央企应有的控制作用；化工品业务如何做大优势，打开国际市场；饱受诟病的地产行业中，方兴地产能否通过做大商业地产形成自己的发展模式；面对并不稳定的国际国内金融环境，日益国际化的金融业务也将面临更多挑战。

在20世纪经历了无限辉煌，顶着无限荣耀跌入谷底的中化，在经过重重洗练后得以重生，踏上了新的、也是注定不平坦的征途。反观重生的中化，成熟了许多，因为它已经走入了市场竞争大潮中，而且将会融入得越来越深。通过发挥自身纵横捭阖的优势，中化在各个业务板块努力同国际学习并接轨，多年来的耕耘使中化越来越成为一个真正的企业。不过仅仅做一个合格的企业恐怕远远不够，央企群落所承担的责任也远不只于此，这一点，不仅是中化，更是所有央企需要共同思考的问题。

“回家”同时也要打扮好自己

在1999年主掌华润集团以来，宁高宁最重要的使命是，怎样带领华润这样一家“买空卖空”的中间商实现软着陆，转向实业发展。为此，他一直在坚持做两件事，一是华润内部的重组和变革，一是在中国内地市场的并购和扩张。

——《21世纪经济报道》

宁高宁在调任中粮集团做董事长之前，一直担任华润集团的副董事长兼总经理职务，是华润集团的实际“掌舵者”。也正是在其带领下，华润踏上了一条“回家”的路，并启动了一次次变革。

起家于香港的华润，为什么在50多年后会萌生“回家”的渴望？

其背后有着难言的无奈。“华润过去是一个相对典型的贸易公司，它在香港代理中国进出口总公司的全部产品。随着国家贸易体制的改革，华润10年前所做的贸易业务到今天一点都没有了，连一点根基都不剩了，全部转掉了。”在华润总经理宁高宁看来，华润过去因政策优势而形成的垄断优势和比较竞争优势正越来越因为体制的变革和市场的开放等因素，面临严峻挑战。而华润原先所赖以生存、发展的条件也几乎不存在了。

当华润和其他企业站在同一起跑线上，面对着国内外巨头的挑战时，华润知道，自己必须尽快找到新的业务增长点和发展领地。“过去华润背靠内地，而今天我们要面向内地求发展，这是大的战略上的转变。”宁高宁这样表示。

众所周知，华润在20世纪90年代初，就开始在内地频频展开资本运作，通过并购整合方式进军地产、零售、纺织、压缩机、啤酒等行业，形成了多元化的投资格局。华润如此行事，在宁高宁看来，其实是有着许多无奈，因为“单是一个啤酒或者单是一个零售、一个纺织，基本上不允许华润比较快地在内地展开这样的运作规模”。换句话说，到底是走多元化的道路，还是专业化的道路，这个问题一直困扰着华润自身。

经过多次内部高层会议的研讨之后，宁高宁提出了一种发展模式——有限度的相关多元化，将原先庞杂的业务划分为分销、地产、科技与策略性投资 4 个方向。2002 年 3 月，华润更是组成了供应链整合小组，由助理总经理陈树林亲任组长，紧锣密鼓地进行华润业务整合。

但资本市场却等不及宁高宁和华润执行这一整合计划了。

2002 年 7 月 10 日，华润的旗舰——华润创业（0291.HK）的股票市值遭受重创，与一年前的高峰时相比，下跌近三分之一。这次下挫引起轩然大波，资本市场质疑华润的焦点问题就是——发展欠重心，整合能力值得怀疑。

几乎所有红筹公司都遭遇过这样的批评之声。但投资者更想知道的是，作为四大红筹之一的华润创业，这次有足够的能力反击吗？

2002 年 8 月，华润创业表示，将重新启动收购母公司物流业务的计划，并借此形成整个华润集团的业务模型。这个模型的理想形式就是：将旗下的啤酒、纺织、服装等制造业部分逐步向零售业渗透，形成生产、供应、零售到终端的分销链条，并以零售为龙头带动整个分销产业的发展，同时衍生出相应的业务，如选铺、财务、物流、培训等。按照陈树林的说法，这样做不仅能发挥“协同效应”，而且也可以解决与供应链和物流业务相关的利润中心开拓内地市场的发展模式问题。这一模型确定了零售业在华润整个盘子中的核心地位，并有助于华润核心竞争力的打造。

此时，华润依然没有摆脱另一种困惑：华润是谁？它又代表着谁？

这是个企业形象问题。宁高宁不止一次地在企业内部说，他很怕被别人问及这个问题。如果在20世纪80年代中期以前，问华润是谁并不难回答，因为那时的华润是中国进出口总公司在香港的总代理，做贸易的。但随着华润多元化业务的发展和生意模式的转型，这个问题就变得越来越不好回答了。

但如果这个问题不解决的话，华润的长远发展将不可避免地受到影响。2002年4月，华润组织的一次专门调查就验证了这种担忧。当时，调查访问了香港和内地的公众、公司员工和高层，以及传媒等，结果让华润很不是滋味。在香港，大多数人认为华润是一家诚实的公司，但弱点是保守、落后、没有亲切感、缺乏创新能力——“中资”企业的负面特点都被套在华润身上；而在内地，无论公众还是传媒对华润的了解都比较少，大家对华润的认知大多只通过两种途径：一是华润超市、华润置地等；二是华润的一些并购举动，如华润啤酒收购蓝剑啤酒。最让华润感到难堪的是，有相当一部分人认为，华润的成功是凭政府关系取得的。

与此同时，华润内部的品牌管理工作也没有对其业务的发展形成系统性的支持，外界不清楚华润到底是做什么的，华润内部也说不清楚自己究竟代表着谁。调研人员到华润旗下的企业调查时发现，集团内各个分公司的品牌管理几乎一片空白，连一些经理的品牌意识也是参差不齐，这样如何能有效规范华润的整体品牌形象？

在形象维护与传播上的缺失已成为华润未来发展的一道“硬伤”，宁高宁不得不拿出实际行动来改变公司形象。

2002年，经过细致的挑选和评估，华润选择了由多家顾问公司组合成的联合体，正式展开了集团的企业形象和品牌管理，以及对外宣传的工作。据华润常董办介绍，这个项目不仅包括品牌系统的建立，还包括订立华润集团的企业传讯政策，其中企业传讯将包括媒体关系、投资者关系、内部传讯、企业社会责任、突发（危机）事件和企业广告等内容。

华润内部的大多数人认为，这是一次有着特殊意义的变革。因为作为有着中资背景的红筹公司，华润一直享受着政策与体制的关照，而并不在意企业形象和品牌的维护、传播。但随着政策和体制优势的减弱，华润本身为了生存和发展将不可避免地把自己尽可能地纳入到市场体系中去，而维护及传播企业形象则是不可或缺的一项工作。

2004年年底，宁高宁调任中粮。

当时华润集团旗下的水泥业务已于2003年在香港上市，但水泥业务却是最令华润伤脑筋的事。当时水泥行业的形势不好，香港资本市场也不看好华润水泥股价，华润水泥已经低于净资产，基本失去融资能力，市值甚至还赶不上发行的可转换债。要不要保留这个生意?

不可否认华润在20世纪90年代的许多投资都相当盲目，水泥就是一例。在竞争性行业快速并购扩张，走多元化发展道路这几条华润全占了。然而，快速并购扩张的后遗症早已成为企业界一大教训，两家央企华源、三九是典型的反面教材。

华润集团10余年发展历程，基本实现两次再造；总资产、销售额、经营利润、净利润等各项指标翻两番；在各个行业进退自如，几乎是从无到有打造了几个行业领先的利润板块，又在赚取丰厚回报的前提下，退出若干非主业行业。

然而在之后的几年里，华润水泥近乎神奇的变化让香港资本市场瞠目结舌：

2006年用4亿多港元私有化退市，经过3年改造，2009年重新上市融资60多亿港元。此事件也被选入哈佛商业案例。

遍览华润如今的产业布局，甚至可以将其称之为中国最为多元化的企业。

截至目前，华润集团下设7大战略业务单元、16家一级利润中心，有实体企业2300多家，在职员工40多万人（2011年数据为：下设7大战略业务单元，21家一级利润中心，实体企业1200家，在职员工35万人）。而华润在香港共有5家上市公司，在内地共有6家上市公司。旗下“蓝筹三杰”——华润创业、华润电力、华润置地位列香港的恒生指数成份股。华润燃气、华润水泥位列香港的恒生综合指数成份股和香港的恒生中资企业指数成份股。一个央企“王牌”已然形成：2014年华润在世界500强的排名为第143位，截至2013年年末，总资产10797亿港元。

下 篇

现在告诉未来

第六章　当“恐龙”遇见“大鳄”

“新殖民主义”在中国

外资企业、民企、国企不是对立的，三者本应当在同一市场中竞争、进步。而面对越来越多的行业被外资控制，国内市场安全形势更加严峻的现实，此时应当提起的只应是“中国企业”，这是一个群落，在中国市场上与外资“新殖民主义”抗衡的群落。

2008年，“小肥羊”华丽登陆H股，成为“中华火锅第一股”。创始人张钢信心满满，“我们要打造中国的百胜”，他如此表述自己的决心，并将肯德基香港公司行政总裁杨耀强招致麾下。无奈这员大将并未带来预想的战功，小肥羊也没有成为中国的百胜，反而摇身一变，成了“洋人”：2011年年底，百胜收购小肥羊获商务部批准，小肥羊从此“改旗易帜”。这一年，百胜在中国的利润已经远超在美国本土的利润（百胜在中国利润为9.08亿美元，占集团全年总利润的68.8%），收购后，百胜毫无争议坐上了中国餐饮行业的头把交椅，挑战者屈指可数。

这次并购使人们想起了2008年年底可口可乐对汇源果汁的收购，不同的是，汇源并购案未通过反垄断审查，最终流产。未被批准的理由是：如收购成功，可口可乐对果汁市场控制力太强，不利于其他企业进入这一市场，会挤压国内中小企业的生存空间。这个中国人平均每年每人喝掉24瓶的可乐饮料品牌一旦涉足相关新行业，此行业内的企业就要开始担惊受怕。以果汁为例，可口可乐的美汁源果粒橙较统一鲜橙多晚推出了三年，但仅用三年的时间就迅速赶超后者，成为中国果汁市场排名第一的品牌。

众多的中国企业尚未进行有效整合，便放弃身边优势的资源，匆匆跨出国门寻找国际并购机遇，上演一幕幕蛇吞象的并购影像。如此一来，跨国巨头们成了国内产业的整合者，这些长袖善舞的巨头在中国“开疆拓土”，在众多行业形成绝对优势，占据无法挑战的地位，使中国市场形成了畸形的发展。一方面中国企业参与国际并购越来越频繁，给人以中国企业日益强大之印象；另一方面，中国国内企业不断被巨头兼并，行业被巨头控制，在这些巨头眼中，中国大多数的企业甚至都没有够到他们并购目标的底线。这一外强中干的发展方向不知会持续多久。

“制造大国，品牌小国”，是中国留给世人的印象，在这种情况下，为数不多的民族品牌不断被收入外企麾下，去掉了前缀中的“民族”二字，不得不令人担忧。而外资在中国的并购目标均是行业内前三名，并试图控股这些龙头、骨干企业进而控制整个行业，乃至中国经济。让我们看一些数据：外资对我国蔬菜种子的控制已经达到50%以上；中国60%以上的压榨工厂被四大粮商持股；而可口可乐基本控制了国内大中型城市的饮料市场；全球最大的包装商瑞典利乐公司（Tetra Pak）占据中国市场80%左右的份额；在化工、医疗、机械、电子等行业，外资企业所生产产品已占据国内市场份额的三成以上。这样的趋势还在持续。

中国是唯一一个被外资控制个别行业的国家吗？不是！

沙特阿拉伯，名副其实的“石油王国”，世界上最富裕的国家之一。国土内沙漠广布，粮食无法自足。在进口所需粮食的同时，这个“大款”开始在全球寻找肥沃的土地，租地种粮。它的目标主要在苏丹、乌克兰、巴基斯坦和泰国等国家。其邻居，也以石油发家的阿联酋，国内气候与其相似，也将目光投向哈萨克斯坦和苏丹。此外，利比亚看中了乌克兰，韩国瞄准了蒙古。这些资本丰厚，但食品却严重依赖进口的国家无时无刻不在担心自己的粮食安全。而像苏丹这样的国家，自己的国民还在忍饥挨饿，沙特人收购的苏丹土地上粮食丰收后却输出到沙特国内，不知此时苏丹人会作何感想呢？

这些使我们很难不想到一个词——“新殖民主义”。这个词也被学者郎咸平极致地利用，并成为其一本书的主要论点。

2008年时，食品价格高涨，亚非美洲一些国家发生抗议和骚乱，重压之下，许多国家停止了粮食出口，以保证本国国民有米下锅。这一举动当时便引发了众多严重依赖粮食进口的国家强烈抗议，也引发了人们对“新殖民主义”的又一次热议。发达国家利用其经济优势，控制那些政治上独立的国家，使其充当自己的商品市场、原料产地和投资场所，同时保持对优势资源的垄断，包括对金融的垄断、对科学技术的垄断等。

当飞速的发展导致自信心急剧膨胀时，理性审视行业布局，防止外资垄断是每一个谋求经济独立和长远发展的国家都应当做的功课。只要世界资源分布不均、财富持有不均的情况存在，所谓的“新殖民主义”便不会消失，外资的行业控制在很多国家都存在，如何有所改观，是每一个国家都应该思考的问题。

民族品牌：据守中倒下，站立者寥寥

由于当时对商标、品牌的认识不清，使得娃哈哈的发展陷入了达能精心设下的圈套。本人的失职与无知，给娃哈哈的品牌发展带来了麻烦与障碍，现在再不亡羊补牢进行补救，将会有罪于企业和国家！

——娃哈哈集团董事长兼总经理宗庆后

外资在中国很多行业已经形成了庞大的规模，在这一轮的“新殖民主义”过程中，中国企业的生存空间不断被挤压，大量企业在外资冲击中倒下，许多昔日的民族品牌要么“改嫁”，要么销声匿迹，在较开放的行业幸存的企业寥若晨星。

近几年超市的饮料类产品中又出现了健力宝的身影，这个曾经使亿万国人为之欣喜的东方神水如今早已风光不再，体制之殇使它被外资品牌远远甩在身后。纵观畅销的饮料品牌，可口可乐、百事可乐、汇源、娃哈哈、康师傅等，有几个是在中国资本的控制之下？这条民族品牌向世界品牌转变的道路似乎远比我们预想的要漫长得多。

正是为了走这样的路，早在1996年时，宗庆后执掌的娃哈哈便抱着“市场换技术”的美妙构思引入战略投资人——法国达能（DANONE），当时他怎么也不会想到自己是在引“狼”入室。10年的合作，并不愉快，双方意见合少分多。10年后，当达能要强制收购娃哈哈剩余股权之时，《经济参考报》用一篇《宗庆后后悔了》描述了他的复杂心态。宗庆后回忆说：“由于当时对商标、品牌的认识不清，使得娃哈哈的发展陷入了达能精心设下的圈套。本人的失职与无知，给娃哈哈的品牌发展带来了麻烦与障碍，现在再不亡羊补牢进行补救，将会有罪于企业和国家！”显然，这样的措辞触动了中国人敏感的民族神经，并引起了政府的重视。宗庆后留住了娃哈哈，2007 年 10 月，两家企业“离婚”，娃哈哈将收购达能在合资公司中的股权。

而触动宗庆后这根弦的正是达能对另一著名品牌，也是娃哈哈的竞争对手之一乐百氏的股权收购，可惜，这宗并购效果并不佳。宗庆后说：“最开始，我们只是单纯地认为，这是达能对娃哈哈企业品牌形象及其生产销售能力的认可和肯定，但其在中国境内接连不断的并购举动及其并购后的表现让我们渐渐认清了达能的真实目的：达能并购娃哈哈以及中国其他一些大企业的行为，不是为了将这些企业经营壮大，而是为了资本运作——将中方企业股权低价收购后再在国际市场上出售或上市，以套取巨额资金和利润。”

达能先后收购了乐百氏 98%股权（被收购后乐百氏已近乎在市场上绝迹）、上海梅林正广和饮用水公司 50%股权、汇源果汁 22.18%股权、光明乳业20.01%股权等，这些企业均是行业内的佼佼者。而彼时《反垄断法》尚未出台，达能也充分地利用了这一点。

不管怎么样，相比于那些被成功收购的民族品牌，娃哈哈是强壮的，也是幸运的。

达能不是特例，外资巨头利用中国各地招商引资的热情，在中国市场纵横捭阖，不断并购行业巨头，以图在中国市场谋求领导地位之意已然非常明显。

打着招商引资的大旗，另一个民族品牌——南孚电池走上了不归路。南孚被迫与摩根士丹利（Morgan Stanley）等三大外资“拉郎配”，成立合资公司，接下来经过多番倒手，2003 年起成为美国吉列公司的子公司。此时，南孚已经占据了中国电池市场的半壁江山，成为中国第一、世界第五大碱性电池生产商。此前，尝试打入中国市场的吉列金霸王电池曾屡屡碰壁，一筹莫展，被南孚远远甩在身后。此番并购使其一跃成为行业龙头。而南孚却没有那么幸运，被“领养”之时，正值南孚大举跃进国际市场的良机，但为避免和母公司的正面竞争，南孚只得“鸣金收兵”。这一举动造成了南孚一半的生产线闲置，南孚跨越的步伐也至此告一段落。

当南孚电池的某位高管回顾最初的合资时激动地说：“摩根士丹利是一只狼，与它合资根本不会有什么好下场。”可惜，这样的慨叹为时已晚。

合资变独资的例子屡见不鲜，外资企业通过收购竞争对手，然后强推自有品牌，被收购者则会淡出人们的视野，最后在无声中慢慢消失。前述乐百氏即是一例，而小护士可能更为典型。

“欧莱雅，你值得拥有”，伴随着这句广告词，欧莱雅已经在中国化妆品市场占据了巨大的份额。可能人们已经忘了，2003 年被欧莱雅收入旗下的小护士，如今已经凋零。雪藏品牌，为自有品牌铺路，已是既成的事实。令国人备感尴尬的是，中国虽然已经是世界第三大化妆品消费市场，但销量排名前 5 位的品牌均为外资：冠军是宝洁，第二便是欧莱雅，还有玫琳凯、联合利华、资生堂等跨国巨头。

在竞争非常充分的日化、快消品领域，竞争很大程度上已经演变成外资企业之间的活动，中国企业在它们面前似乎不堪一击。在改革开放以来出台的大量法律和政策，如《反垄断法》《利用外资改组国有企业暂行规定》《关于向外商转让上市公司国有股和法人股有关问题的通知》《指导外商投资方向的规定》以及《企业国有资产监督管理暂行条例》等背后，都是一次次惨痛的代价。

民族品牌在外资大举进入的时代正在快速消散，只有少数企业依靠自身努力或者行政力量得以幸存。现在还是民族存亡的时刻吗？当然不是，但绝对是民族品牌生死存亡的时刻。越来越多的人建言，中国应当快速加强反垄断方面的立法和行政审查等措施，以挽救濒死的民族品牌群体，不论它是国企还是民企。体量庞大的中国市场绝不能沦为外资企业屠杀中国企业、叱咤其中的竞技场，也不应成为跨国巨头们相互角逐的跑马场。

央企：力敌还是逃离

如果一个人不知道他要驶向哪个码头，那么任何风都不会是顺风。

——塞涅卡①

每年的世界500强名单都会吸引众多的眼球，而真正能够反映一个国家产品竞争力和商业实力的，则是世界品牌500强。

2011年年底公布的世界品牌500强中，中国又有了较大进步，上榜品牌达到21个，且部分品牌进入百强。但若与美国比，中国就要汗颜了：在此次榜单中，美国达239个，是中国的10倍还多。在世界愈加开放的今天，美国的200多个品牌与中国的20多个品牌经常是处在同一平台竞争，这一先决条件也直接决定中国进入品牌500强的大多数是央企品牌，如CCTV（中央电视台）、中国电信、中国联通、国家电网等——这些品牌依靠强有力的行政性保障幸免“遇难”；而有相当多的央企在没有行政保障的环境下与外资大牌抗衡，面对外资的强势扩张，央企已无处藏身，只能力敌。

以食用油为例，中国94家规模以上的油脂压榨企业有60%被外资购买，或有外资背景。市场龙头益海嘉里的金龙鱼的市场份额已达50%以上，但其外资比例占有过大，使中国相关部门严重感受到市场的不安全。这时，中粮、中储粮、中纺粮油的目标绝不仅仅是提高利润那么简单，维护市场份额和食品供应的安全也必须进入它们考虑的范畴。

① 塞涅卡：古罗马政治家、哲学家、雄辩家、悲剧作家。

而中国的乳业则更为凄惨。前几日，多个洋奶粉再次宣布涨价，其涨价频率已经从半年一涨变成一季一涨。洋奶粉之所以如此肆无忌惮地涨价，是因为历经多次食品安全问题后，国产奶粉品牌一蹶不振，消费者信心已经崩溃，洋品牌趁势入侵，占据了高端市场70%以上的份额。国际排名前20的奶粉品牌已全部进入中国，争食这块肥肉，在占据一线城市市场后，又迅速向二三线城市扩张，国产奶粉的生存空间已然越来越小，国产奶粉品牌已岌岌可危。10年之后，谁也不敢猜想还有多少个国产奶粉品牌存在。2009年，中粮入主蒙牛乳业，在业界引起了轩然大波。反对的声音很多，评论说，对于一个跌倒的“孩子”，不应当跑过去扶他起来，而应当给以鼓励，让他自己站起来。可是对于已经相当脆弱的中国乳制品行业，在接连出现问题的情况下站起来的机会有多大呢？三鹿现在已经成了毒奶粉的代名词，谁能担保蒙牛乳业不是下一个？此时中粮为的不只是利益，其所作所为代表了一份挽救中国乳企的责任和愿望。随着一个又一个民族品牌的消亡，辛辛苦苦成长起来的民族品牌真的“伤不起”了。

2013年以来，洋奶粉雄霸中国市场的形势显然已经引起发改委的重视，工信部出台了乳业的兼并重组方案，计划在未来5年内将相关企业总数从现在的127家整合至50家，大幅提升行业集中度。而一系列突发事件也预示着乳业的格局将会开始缓慢发生变化。

2013年8月3日，全球最大乳制品加工企业新西兰恒天然集团对外宣布，旗下部分产品可能含有肉毒杆菌。这一消息在迷信洋奶粉的中国市场引起了轩然大波，洋奶粉迷信被撼动。此事件之后没几天，发改委对参与反垄断调查的9家企业中的6家乳粉企业开出了总额6.7亿的巨额罚单，理由是违反垄断法，限制竞争等。6家受罚企业以洋奶粉公司为主，但对于诚信几近破产的国产乳企而言，重拾市场信任恐怕还要靠自身的产品质量，而不能寄希望于洋奶粉的主动跌落，抑或行政力量对其的堵截。8月又传来的另一个消息，蒙牛乳业收购雅士利结束，央企再一次站了出来，点燃了乳业整合的引信。

如今，另一个战场——大米市场的战争也硝烟弥漫。瞅准杂乱的市场现状，益海嘉里、中粮、中储粮等企业将战场延伸至此，借已有品牌拓展新市场。尽管它们的到来引起了市场原有成员的恐慌，但这些巨头的进入必然将引领新一轮的产业整合，对规范市场、稳定价格将起到积极的作用。益海嘉里作为跨国公司，进入大米市场自然是其自身行为，然而中粮、中储粮的速度跟进则更多是为了保护大米市场，以免重蹈食用油的覆辙。

与粮食相关的种子市场形势也并不乐观。国际种业巨头早已对中国庞大的市场垂涎已久，孟山都、先锋、利马格兰、KWS（德国种子企业，在全球业内位列前5）等公司纷纷抢滩布局。与袁隆平并称水稻育种界"南袁北王"的王象坤说，"东北已经'沦陷'了"。有数据表明，先锋公司的玉米品种先玉335已经占据了东北市场50%以上的市场份额。[①]反观国内种业公司，多数是20世纪80年代末从中央企业脱钩形成的杂乱小公司，其研发能力、资本实力、销售网络等根本无法与跨国巨头匹敌。而中国种业昔日的巨头——中国种子集团公司，面对巨头们的威逼似乎也无破敌良策。

有了这样的背景，也就不难理解中化对中种集团的重组，以及后续几次对种子科研机构的并购。国际巨头先进的技术背后是大量的科研投入[②]，在这一方面

① 参见中国经营网：《东北"沦陷"了：外资种业中国突进调查》。

② 相关人士称，国际巨头的科研投入均在10%以上，而中国种业公司的此类投入不到3%。

中国企业捉襟见肘。必须整合成实力较强的公司，才能与其抗衡。中化对中种集团重组之后，加大了对科研的投入，力图通过对国外巨头的追赶，保住中国种业的自有江山。虽然面临巨大挑战，但中化不可能任其发展。

基辛格说：“谁控制了粮食，谁就控制了人类。”种子、粮油、大豆、大米等产业均已受到外资的严重威胁，中国的粮食安全岌岌可危。只剩下仅有的几个央企倾其全力身赴其中，尽央企自诞生之日起便背负的民族重任。

不仅粮食行业，汽车行业经过20余年的合资，外资已经对中国上中下游全产业链有相当的控制力。如果放任自流，中国的经济安全及汽车产业整个链条都将受到制约和危害。而中国企业显然不可能与其正面抗衡，只能通过合资、并购的方式曲线发展，一汽大众如此，东风雪铁龙亦如此。它们身上承载的使命要远比获取利润重要得多。

中国产业的发展与国外比还存在诸多差距，而石油、电信、电力等行业依靠政策的保护暂时还未收到外资的严重冲击，而一旦放开恐怕也难以幸免。因此这些行业的央企也应当早日提升自己的竞争力、创新力、管理能力等，将自己置身于国际市场的大背景下扎实发展。中国的众多产业起步较晚，与外国相比差距明显。为了保护脆弱的民族产业，我们在“堵”的同时必须“疏”，早日增强企业的竞争力，而不依赖亡羊补牢。毕竟“堵”只是暂时的，“疏”才是长久之计，到不“堵”而“疏”之时，中国的企业群就真正成熟了。

央企必然是当仁不让的“排头兵”，它们都拥有雄厚的资本和较大的规模，当市场受到外资控制威胁之时，必须勇于担当，敢于冲锋，维护国内市场的安全和稳定。力敌还是逃离，它们绝对不能选择后者。

经常有人提出“要国企控制还是外资垄断”的疑问，我们看二者均不可取，前者将导致民间企业发展不起来，后者将导致“新殖民主义”，二者均不是我们希望看到的结果。

其实只有将国企置于竞争环境之下，提高其竞争力，才能破除外资垄断。国企控制与外资垄断本两者均不应长期存在，国企、外企、民企有序竞争才是长远发展之道。1998 年国企改革之时提出的改革方向相信也是如此思路，可惜国企改革之路仿佛走得不太顺畅，也不太专一，才走到了今日局面。

伴随着这种争议的，当然还有“历史的叹息声”。

2009 年 12 月 23 日，中粮集团宣布以 1.94 亿元的价格收购了万威客 100%股权。这家中国最大的粮油食品企业，在肉食产业链的发展计划上又迈出了一大步。中粮集团表示，除巩固在广州、深圳的市场优势外，其将推动万威客在全国市场的发展。后者已经开始实施百万头生猪健康生态养殖产业化项目，当前在建、待建的有天津、武汉、江苏东台三个项目，总投资最高将达 150 亿元。

此举同时被一些人士解读为：“在错失了食用油市场的主导权之后，中国企业正在加强对肉类产品市场的控制。”

早在 20 世纪 80 年代末 90 年代初，中粮直接和间接持有南海油脂工业（赤湾）有限公司的大量股份，但新加坡郭氏兄弟所掌握的嘉里集团实在是狡猾，一旦涉及南海油脂工业（赤湾）有限公司的问题，就在鹏利公司谈，而在这个界面上谈由于中粮处于二股东的角色故没有话语控制权。这也为日后中粮与嘉里集团“分家”埋下了伏笔。

根据资料记载，1988 年 1 月 27 日，南海油脂工业（赤湾）有限公司注册登记，经营范围包括生产、加工、精炼以及分装各类植物油和各类动植物油脂产品，并供应食用油和相关的包装制品。这一年的 5 月，公司破土动工。第二年的

3月，制桶厂一次性试产成功，5月精炼厂一次性试产成功。1991年，品牌名为“金龙鱼”的食用调和油上市。这也是日后金龙鱼食用油称霸中国市场的肇始。

1992年，周明臣任中粮董事长职务，他找到当时的国家工商局负责人刘敏学，要求收回“金龙鱼”的商标，但外方未同意。最后经过协商，外方以3.8亿港元收购了中粮所持有的股权和商标，金龙鱼品牌彻底与中粮无关。

尽管在与外方的合作中，中粮痛失金龙鱼品牌，但周明臣并不甘心。凭借着此前在油脂行业摸爬滚打的经验，中粮另起炉灶，在1992年4月成立了北海粮油工业天津有限公司，第二次染指油脂行业。之后，中粮又成立了张家港东海粮油工业公司，并推出了福临门这个食用油品牌，开始了与金龙鱼正面交锋……

当然，就在几乎所有人都认为金龙鱼和福临门是一对冤家的同时，实质上福临门的背后依然还隐藏着嘉里集团的控制方新加坡郭氏兄弟的影子……

而当外资在中国的粮油食品行业乃至其他行业都掌控话语权的时候，前文提到的中粮并购万威客进军生猪产业链被视为是一种积极的对抗外资越来越主导趋势的“自救”行为。从1987年就开始被“肢解”的中粮似乎已经无法再现当年“航母”的辉煌，当20年后，中粮再次养猪的时候，笔者似乎唯一能听到的是历史那一声深深的叹息！

实际上，正如上文所隐约提到的那样，历史的叹息还不只如此。

当然，我们还应该很“羞耻”地知道，为什么没多少钱的丰益嘉里公司却能够在华做成千亿盘子，而我们却没资格眼红？我们与国际四大粮商相比，差距为何不是一点半点？

另外一个央企航母——中国远洋运输（集团）公司近几年也一直在牵动着人们的心。1998年11月，魏家福就任中远集团总裁。当时正值东南亚金融危机爆发后的第二年，外贸运输同样处于低谷，加之中远此前扩张过快，不仅搞航运，还搞房地产，甚至还有航空货运公司，资金链岌岌可危。那一年，中远集团的全年利润只有5.18亿元，而且主营业务航运业实际上是亏损的。面对这样的压力，新官上任的魏家福立刻决定收缩投资战线，除航运主业必需的投资外，其他投资一概不批。几年后，中远缓过气来，邀请以李泊溪教授为组长的一批国务院发展研究中心的专家，花了8个月时间，专门为中远集团制定了一份未来10年的发展规划。该规划的中心意思就只有两点：第一要从全球航运承运人向以航运为依托的全球物流经营人转变；第二要从跨国经营向跨国公司转变。

这一战略改变了中远集团的行业地位。与其他国内航运巨头相比，中远集团除了拥有最大的船队，还拥有更多的港口码头和物流设施，这也是魏家福为把中远集团从全球航运承运人向以航运为依托的全球物流经营人转变而努力近10年的结果。

2000年，魏家福在《财富》世界500强高峰会上首次提出，中远集团要进入世界500强。按当时中远集团的收入，与500强门槛相差甚远，但其逐步剥离了中远集团的房地产等业务，并加快打造干散货船队与集装箱船队——这两个领域的控制巨头分别为日本邮船和马士基航运，魏家福早年接受媒体采访时曾说，中远要比肩马士基航运和日本邮船——正是船运领域的稳健发展，使中远世界500强的梦想最终实现。

接下来的几年，便是中国经济发展奇迹的顶峰，到2004年，中国铁矿石消费占全球比例从2001年的20%增长到40%，“北煤南运”也推动当时国内煤炭运量以16%的年复合增长率增长，甚至年年丰收的中国粮食也越来越依赖于进口。这些都极大地刺激了中国乃至全球的干散货航运市场，中国成为主导全球干散货行情的最重要因素。

在魏家福的布局下，中远集团凭借与宝钢、鞍钢、首钢为代表的钢铁企业战略结盟，以及与大型煤加工企业的良好关系，急速扩张干散货运输业务。2004年，中远集团就控制了375艘干散货船队，规模一举超越了有120年历史的昔日龙头老大日本邮船，而其集装箱航运规模此时也位居全球第七。

功夫不负有心人。2007年7月，中远集团终于以154亿美元的收入、排名世界500强第488位，首次跨入《财富》世界500强。7年，中远集团实现了当初的目标。

然而，如此急速扩张背后亦积攒了问题。很快，问题便接踵而至，2009年、2011年、2012年中远集团出现亏损，如今其控股的“中国远洋”已经戴上了ST①的帽子，做了几届中国亏损王。执掌中远集团15年的魏船长此时也到了退休的年龄，把更重的担子留给了继任的马泽华。

此种大跃进的发展方式，带来的只是短暂的振奋，却积攒了无形的风险。振奋之后，中远集团的叹息让我们陷入沉思。

世界是平的，当中国企业面对一场争夺价值链话语权与市场竞争主导权的新“鸦片战争”的时候，我们为何常常感到无奈和茫然失措？这或许正是很多中国企业正在面临的境地与挑战。

---

① ST，英文 Special Treatment 缩写，意即“特别处理”。上市公司出现财务状况或其他状况异常，导致其股票存在被终止上市风险，或者投资者难以判断公司前景，其投资权益可能受到损害的，交易所对该公司股票实行特别处理。通常会在股票名称前冠以“ST”，因此该类股票称为ST股。

要么革新，要么“消亡”

> 国资委、市场、社会均在向央企施压，像是一个三角形，而这个三角形要扩大的方法必然始于其中一边的扩张，一旦扩张后它要承受的将会更多。在多方的拉扯和挤压中，央企们有的在成长，有的在消亡。

正如本书的自序所述，我们忘不了这一幕：2003年4月6日，天气晴好，北京市宣武门西大街26号门口新挂上了一个牌子，上书“国务院国有资产监督管理委员会”。可能大多数人没有意识到新成立的国资委对中国国企的影响，挂牌这天并没有多少媒体到场，也未留下一张当时的照片。也可能国资委不知道如何对媒体解释自己的性质——因为国资委严格意义上说不是行政机关，不是事业单位，不是法人，更不是社会团体，就连“当事人”——国企领导们，也搞不清楚这个新成立的国资委是干什么的——因而未邀请很多媒体到场。当然这只是揣测，已经59岁的李荣融或许并不看重这些面子上的东西。

低调成立的国资委，其职能可不“低调”，它“管人、管事、管财产”，它将掌管的是8万亿的国有资产[①]，将履行出资人职责，集指导推进国企改革、任免奖惩国企负责人、监督中央和地方国资的保值增值等重任于一身。360度对国企运营进行监控，我们称之为国企的“管家”丝毫不过分。

此时，国企改革戏剧性的一幕出现了。从1998年开始的“三年脱困”至2001年左右“三年脱困”接近结束，“国退民进”的主导思路没有变。但国资

① 2003年，中国的GDP为11.6898万亿元，可见国资委所掌管的资产分量之重。

委成立后的第一次会议仿佛成了国企改革路线图上的一个拐点，李荣融说:“必须在两年时间内，使中央企业成为各行业的排头兵。达不到的趁早找对象，否则肯定要调整——不是你调就是我调!”“李老板”的言辞中，透露出了国企改革方向的转变，也丝毫没有对国企放手和松绑的味道。

国企老板们渴望已久的“自由”又泡汤了。之前计划经济政企不分的时代暂且不提，即使国企改革已经到了承包制遭遇瓶颈，产权清晰、政企分开的现代企业制度改革开始推行的20世纪90年代中后期，国企依然是国民经济的命脉，牢牢被相关部门把控。专业上如外贸类央企归属对外贸易经济合作部，能源类央企归属能源部等；而职能上，资产权归财政部，投资权归计委，日常经营归经贸委，人事权归企业工委等，各有归属，也经常重叠。一项国有资产投资，签字的领导很多，出了问题却找不到直接的负责部门，获得收益之后领功的部门却一个不少。社会上将之形象地形容为“九龙治水”。

国资委的成立，使“九龙”之权合为一体。不过对于企业来说，却是换汤不换药，只是原来由多个部门管，现在归一个管——绑着手脚的绳索一根没少。

国资委成立后，一方面，要充分尽到“大管家”的义务，要管好央企的各项支出。如企业员工工资总额、企业领导人工资上限、企业负责人任命及调动、大额投资批准、主营业务设定及批准等。

另一方面，“大管家”在之前国企改革的经验教训基础上，还发起了较大幅度的制度改革：调换了央企高管并公开在社会招募经理人，发起了央企整合，推动央企上市和董事会制度建设等。

总之，“大管家”马不停蹄，它要用行动告诉人们：我是“管家”，我要使国有资产保值增值，我实权在握。而被管着的央企们为了跟上节奏，也一刻不得闲。

总归来说，无论是“九龙治水”还是“管家治理”，中国央企作为一群号称企业的个体，从来没有拥有过属于一个企业最基本的属性——独立性。从企业领导人方面可以直观地看到这一点，一直以来，央企主要负责人均由上级调任、委派，如刘德树空降中化、宁高宁空降中粮等。“空降”一词似乎也成了央企领导人换届的专有特色方式。

上端如此，下端如何呢？

央企虽然被束缚，但它们最终活在市场之中，也活在社会之中。

抛开垄断型央企不谈，如今众多央企，如中粮、中化、华润等企业，其业务已然进入充分竞争的市场之中，如食品、化工品、道路运输及众多行业，与民企、外企同台竞技。市场形势瞬息万变，以央企庞大的体量和复杂的体制，要适应并非易事。2009 年中化化肥急转直下的经营业绩可能给众多处于动荡市场中的央企敲响了警钟，如何建立高效、严格的管理流程是每个大企业必须长期考虑的问题。

而对于企业经营中的另一项重要内容——并购、重组，央企也颇有难言之隐。

以一宗国际能源并购案为例。国内 A 石油公司和 B 石油公司（均为央企）参与竞标，比拼报价、服务。但在国资委看来，两家央企的比拼容易造成“自相残杀”，最终造成国有资产的损失，因此在竞价之时，“管家”会对两个公司进行调和，规定一个最高价或者底价。这种做法是有违国际招标规则的，但在中国这已是不成文的惯例。

而企业之间的并购、整合本是企业的市场行为，到国企时，往往就成了“拉郎配”、命令型行为，最后的结果有“甜蜜”的，也有撕破脸皮、打得不可开交的。如国资委刚成立之年，即有48户央企进行产权和股权转让，其中有83%转让给非国有企业和外商企业，涉及220亿元人民币。这引起了舆论一片哗然，有人甚至提出了疑问：“为什么国资委热衷于卖国企？”这些转让行为由于国企的所有制特性变得格外复杂和引人关注。

前者受限于央企的体量，后者受制于央企的特殊管理形式，使得这列“大车”在市场中难以及时调头、调整方向，对一个企业来说，这样的缺陷是致命的，这就是市场中的央企。

而社会中的央企同样“郁郁不能得志”，它的产权属性注定要它负起更多的社会责任、行业责任。

面对近年灾难频发的中国，央企与民企所占资源与所捐款项的反差，使得人们对央企颇有微词。而房价的疯涨更是激起更多抱怨，国资委不得不勒令78家央企退出房地产行业，这又使得央企自身颇为难受——抛开房地产行业属性不说，进入和退出一个行业岂是几个命令就能简单决定的？

国资委、社会、央企自身等，众口难调，令所有人都满意的可能性仅存在于理想状态中，而不论哪一方不满意都对企业的发展造成不利的影响。《央企真相》一书的作者在序言中提出“央企为了谁”的疑问，其实，央企作为国民经济的命脉，首先为了国民经济的发展，为了行业的发展；其次，央企全民所有的产权属性注定它要为了社会，为了大众；再次，央企作为企业，其追求经营业绩的本能要求它要为了自己，为了员工。

作为企业，央企承受了太多本不属于企业的负担。

国资委、市场、社会均在向央企施压，像是一个三角形，而这个三角形要扩大的方法必然始于其中一边的扩张，一旦扩张后它要承受的将会更多。在多方的拉扯和挤压中，央企们有的在成长，有的在消亡。

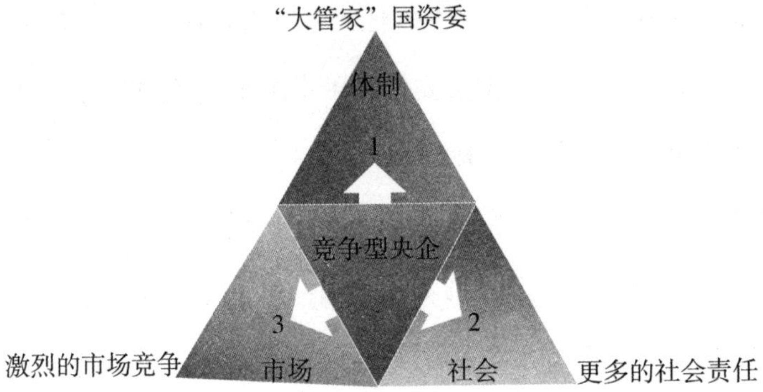

图6—1　竞争型企业三边受限图

2010年8月24日，下午3点，国资委局级领导干部会议上，中组部副部长李建华宣布李荣融卸任，“接棒”的是李荣融以前的副将，时任国家质量监督检验检疫总局局长，比李荣融小11岁的王勇。此时，李荣融已经快67岁，他本来在上一年就能退休了，可是需要他做的事实在太多，只好缓一缓。如今，“李老板”留下的只有背影，他此时的心情是释怀还是牵恋，退休后他要旅游、学英语还是做别的，都与我们无关了。央企的“世界杯”以后怎么踢？接下来要看“王老板”的了。他和央企接下来要面对的，是最好的时代，也是最坏的时代。

当大多数中国企业仍旧沉浸在2009年经济危机中国的逆势高增长中时，2011年年底一次会议上，王勇略含忧虑地说：“2011年10月以来，受外部环境影响，企业经济效益大幅下滑。”不少央企面临资金短缺、成本上升、订单下降、应收账款和存货增加的困难。经济寒冬来了！中国企业要做好3～5年过冬的准备，这个警告，国资委在半年内已经连续提了多次。不仅是告诉央企，也告诉民企，当前中国企业所面临的严峻的经济形势。

王勇说的外部环境是这样的：75%增长靠私人消费拉动的美国仍然有1300

万人在家待业，创失业人数新高，民众消费热情难以为继；尽管欧盟的领导人绞尽脑汁，欧债危机不仅未有消退的迹象，反而有蔓延之势，众多评级机构“见风使舵”，对欧盟几个成员国的经济前景做出悲观表示，无异于“火上浇油”；日本也不顺利，这个曾经是世界第二大经济体的国家在过去一年经历了不少巨大的灾难，且出现了30年来最大的贸易逆差，面对如此国际经济环境，靠外需拉动增长的日本模式恐怕也面临巨大的挑战；而俄罗斯、巴西、印度等新兴经济体是为数不多的还在保持增长的群体，但也普遍需要在通货膨胀和增长之间做艰难抉择。总而言之，如今没有哪个国家能够逃离这次萧条，今日的世界已经被科技缩小了许多。

“中国不可能是风暴中的绿洲”，克拉斯穆尔·佩佐夫（Krassimir Petrov）曾在2008年预言中国发生经济萧条，尽管他的预言没有完全实现，但是其中的一些已经或正在发生。

2002年到2011年，全国国有企业的利润年均增长率为22%。

而2012年，国资委公布的上半年央企营业情况中，央企前6个月净利润同比下降16.4%，利润的增长速度远低于营业收入的增长幅度，这也反映出央企正面临着成本问题。

有人说股市是一国经济的晴雨表，中国股市已经从2007年的6000点跌到了近期的2100点，也有人说中国股市是个特例，不能反映经济增长。那么用电量作为工业发展趋势的风向标，2012年7月全国全社会用电量4556千瓦时，同比增长4.5%，远低于去年同期超过11%的增幅，用电量的回落是全国工业疲软，经济走势不乐观的直接表征。

中国经济的“三驾马车”长途跋涉，面对险峻的环境呈现出了少有的疲态。

前述外部环境已经使外需降到了冰点，第一驾马车——出口，显然无法持续保持往年的疯狂增速。海关总署公布的2012年上半年进出口数据均低于预期，出口增速的放缓预示了外部环境的不乐观，而进口增速的降低则说明国内需求的降低。也有一点好处，那就是进口增速的降低使得上半年贸易顺差加大。

第二驾马车——普华永道的数据告诉我们，投资的情况也并没好到哪里去。2012年上半年中国境内的并购交易在数量上比上一年下降25%，境外投资者在中国的并购交易同比下降了42%。中国的并购交易在上半年减少了33%，交易金额下降10%。境内外经济环境的持续低迷极大影响了投资市场的情绪，而带着如此情绪，在如此的经济环境下投资，其风险要比平时大很多。

面对前两驾马车的乏力，第三驾马车——消费被赋予重任，然而统计局还是说，上半年内需增速放缓，不过居民可支配收入增长幅度仍较为平稳，所以消费这辆列车如果能够有效发掘调动，对中国面临的严峻形势将有极大的缓解，无异于雪中送炭。

种种迹象告诉我们，中国和世界的经济进入了“寒冬”。“寒冬”过后，世界经济的格局可能又会是另一番景象。作为“国家队”，央企在国民经济中的重要地位迫使它们必须挺得住、耐得住。

另外还要抓得住。虽然全球宏观经济的不景气给中国经济和中国企业的发展造成了重大的威胁，但风险往往与机遇相伴。

整体的经济萧条并没有严重影响中国的海外并购交易。中国2012年的海外并购交易数量基本与2011年处在同一水平，但值得注意的是，交易金额为交易活动不甚活跃的2011年上半年的3倍左右。这说明，中国企业，如三一重工、海尔等民企，也包括众多的央企，已然看到了“寒冬”中的机遇，并努力把握。

2008年金融危机以来，中国经济逆势增长的强劲势头提升了中国的国际话语权，也诱发了众多国家对中国的好感，愿意与中国企业“联姻”的境外企业越来越多。中国企业海外并购额猛增，截至2009年年底，共有108户央企已经投资了境外单位5901户，资产总额达4万亿元。2012年7月，中海油151亿美元收购加拿大能源公司尼克森，是中国企业海外并购“前无古人”的一例。

中国巨额的外汇储备为央企加紧海外拓展，获取自身急需的技术、经验提供了强有力的支撑。全球经济“寒冬”中，如能趁势获取企业发展所需要的资源和技术，对企业长远的利益将极为有利。相信随着中资企业的不断壮大，海外并购的中国纪录将会被不断刷新。

相对于门槛较高的能源行业，其他行业的央企目光所及就不限于国外了。中化旗下化工旗舰中化国际利用新加坡上市子公司GMG（GMG Global Ltd）对比利时SIAT NV公司35%股权的收购，以及对国内企业江苏扬农化工集团的股权收购，均显示了经济低潮期中，中化加速扩张和行业整合的步伐。

同属外贸系的中粮则将主要目标设定为国内产业的整合。中粮宣称2012年将斥资5亿元加大绿茶加工企业的并购或新建，中粮由此进入了又一混乱而竞争激烈的行业——茶行业。目前全国从事茶行业的企业多达7万余家，市场集中度低，中粮显然是看准了此行业整合和经营的良好前景。

此外，面对如此的机遇，熟谙市场的华润也不会无动于衷。其旗下的医药、地产、能源、连锁零售等业务板块动作不断，华润也在打着自己的算盘。

这些业务较为市场化的央企本身所处行业并未实现完全整合，充分利用身边的优势可能比“长途跋涉”更为实际。

经济“寒冬”的另一个作用在于倒逼中国调整经济结构。就像冬天要着冬装，夏天要着夏装一样，你若不调，将会极为难受，甚至直接面临生存的问题。中国长期以来依靠的低成本劳动力、低成本资源、环境破坏的经济发展模式到现阶段已经遭遇了瓶颈，起初的原始优势正在一点点丧失。之所以称其为原始优势，是因为中国早期发展依赖的优势是天生的、自然拥有的，而“捕食”、“奔跑”等能力则需后天培养，对于中国经济来说，培育后天的持续发展能力已是迫在眉睫。

央企，作为中国经济体中重要的组成部分，其庞大的体量要求它们必须率先着手转型，否则将难以适应后危机时代的竞争需求。

“这是最好的时代，这是最坏的时代”，论及法国大革命时，狄更斯用了这句意味深长的话。笔者不禁想道，再用这句话来形容此时的中国也甚为恰当：这是最坏的时代——世界性经济衰退，传统经济增长模式遭遇挑战，企业生存发展进入“寒冬”；这是最好的时代——全球经济战略重组，并购机遇不断显现，经济结构调整在即。

中国能且只能做的就是：迎接这个最坏的时代，拥抱这个最好的时代！

第七章　这个世界永无尽头

谁在呐喊国企改革

从朱镕基“拆雷”，到李荣融“护犊”，国企改革没有停止过，但始终曲折不断，非议不断。

2011年2月16日，《人民日报》第三版右上角刊发了一篇题为《日本的另一个侧面》的文章。该文一方面回顾了日本崛起的奇迹，比较了中日两国人均GDP相差10倍的现实；另一方面在表述日本经济成就的同时，对日本社会保障体系的及时跟进给予了赞扬，也表达了羡慕。

这篇文章给刚刚兴奋的中国人打了一针镇静剂——两天前，在情人节温馨浪漫的气氛中，中国GDP超越日本，以领先日本4000亿美元的优势跃居世界第二。

面对如此骄人的成绩，中国的媒体此时一反常态地冷静，纷纷呼吁重视增长的质量。

一年后的“两会”上，温家宝将2012年的GDP增长目标定为7.5%。8年来，中国GDP增长目标首次低于8%，与社会呼声保持了一致。对此，温家宝的解释是，要将重点放到提高经济增长质量和效益上。

2012年之于世界和中国，绝不是一个轻松的年份。

2012年，服装加工厂老板们翻出5年甚至10年来的电话本、名片簿，按着上面的联系方式（尽管多数已经发生了变更），不厌其烦地尝试给曾经的品牌合作方打电话，渴求能争取来一些订单。规模大点的还好，那些十几、二十几个人的小工厂已经倒了不少。老板们现在要为了一张曾经不屑一顾的几百件衣服的订单争得面红耳赤。

也许这些厂长们没有研究过，过去潮涌般的订单如今流向了哪里，但那些服装品牌商却很清楚，自己已不再需要中国的这些工厂。孟加拉国、越南、缅甸、柬埔寨等东南亚国家的工人现在不仅能做沙滩裤、T恤衫，而且他们已经可以生产大部分成衣，他们工厂的设备也是最新的，更重要的是，他们的工资是中国工人的十分之一。中国东南沿海30年前的火热场景在东南亚重现，30年后中国的低成本加工业老板们眼睁睁地看着订单像流水一般流向成本更低的东南亚。中国的低成本加工业进入了“刮骨疗毒”的转型剧痛期。

服装加工业只是一个缩影，在大型国企和国际资本的挤压下，这些低端制造业原本是民营企业的“避风港”，而现在的“避风港”已不可能容得下中国数量巨大的民营企业。这些企业只能拼命扩大生产规模，从而导致严重的产能过剩。在严重依赖外向型经济的中国，一旦外需萎缩加之通货膨胀，这些企业面临的便是灭顶之灾。

如果服装加工正处于火烧眉毛的处境，那么山东的民营地方炼厂则更像温水里的青蛙，而把一捆捆薪柴添入火中的就是央企。一度，全国十大地方炼厂8家位于山东，山东地炼被称为中石化、中石油之外的“第三股力量”。同服装业一样，为了避免被淘汰的噩运，尽管受油源限制，时常开工率不足50%，但地炼企业还是得拼命扩充产能。况且山东省已经出台相关政策，2013年前炼油规模在200万吨以下的企业将被关闭，好死不如赖活着，规模大点将来也能卖个好价钱。

然而自2008年开始，随着油价的再度飙升，地炼企业“油荒”更加严重，众多企业停产。紧接着，打着产业整合、互利合作的大旗，手握原油进出口权力或大量资本的中石油、中石化、中海油、中国化工、中化集团等央企纷纷强势进入，上演着地炼企业互相厮杀后的又一场“抢地盘”大战。不光是央企，国际巨头也盯上了这块肥肉，BP（英国石油公司）、康菲石油（Concophillips）、道达尔（Total）、壳牌（Royol Dutch Shell）、SK（韩国鲜京株式会社）等国际石化巨头和众多风投也蠢蠢欲动。这些大鳄们对于小规模的企业是不感兴趣的，下手的都是具有一定实力和规模的炼化企业，使得所剩的可被并购的优质资源越来越少。

民营炼厂与巨头们合作无异于“饮鸩止渴”，最终将难逃被巨头蚕食的命运。好比电影中经常出现的镜头：一个人将另一个人逼至山崖，当后者只能抓住半山树枝苟延残喘之时，前者又施以好意，借机征服后者，这种情况下的选择太少，也太无奈。这个无奈的人便是那些民企。

表7—1　2012年《财富》世界500强部分能源企业数据

排名	上年排名	公司名称	营业额（百万美元）	利润（百万美元）	利润率	国家
1	2	荷兰皇家壳牌石油公司	484489.0	30918.0	6.38%	荷兰
2	3	埃克森美孚(Exxon Mobil)	452926.0	41060.0	9.07%	美国
4	4	英国石油公司	386463.0	25700.0	6.65%	英国
5	5	中国石油化工集团公司	375214.0	9452.9	2.52%	中国
6	6	中国石油天然气集团公司	352338.0	16317.0	4.63%	中国

央企在众多领域的频繁并购，不断使其成为焦点。国内挥舞的大棒和国外挥

洒的钞票使得央企的规模越来越大。2012 年 7 月 9 日，第 16 次《财富》杂志世界 500 强公布，中国企业上榜数又创新高，达到了 79 家，这一数量又一次超越了日本，仅落后于美国。中石化、中石油和国家电网再次杀入前 10 名。然而，如果与前 10 名其他能源企业的营业额与利润对比，难免寒酸。

中国石油两巨头的利润率远低于世界其他石油巨头，也难怪民间抱怨石油行业垄断导致资本回报率低了，人们的结论是：这些石油巨头们之所以强大并非因为其管理、战略和技术的卓越。当然，石油巨头们自有它们的解释，国内油价的管控使得它们不可能像国际巨头那样为追逐利润不顾一切。将石油巨头每年的利润与它们强调的炼化亏损放到一起对比，已经成了媒体、网络上一种颇为流行的"娱乐形式"。

而如果再看一下入选 500 强的银行业数据，我们则会有另一番感受。

表 7—2　中外部分入选《财富》世界 500 强银行数据对比

2011年排名	公司名称	营业收入（百万美元）	利润（百万美元）	利润率	国家
77	中国工商银行	109039.6	32214.1	29.54%	中国
108	中国建设银行	89648.2	26180.6	29.20%	中国
127	中国农业银行	84802.7	18859.5	22.24%	中国
132	中国银行	80230.4	19208.3	23.94%	中国
26	法国巴黎银行(BNP Paribas)	127460.0	8412.2	6.60%	法国
51	西班牙桑坦德银行(Banco Santander)	117408.4	7440.3	6.34%	西班牙
21	美国银行(Bank of America Corp.)	115074.0	1446.0	1.26%	美国

对比之下，国有四大行利润率之高简直令人咂舌，达到了巴黎银行的 3～5 倍、西班牙桑坦德银行的 3～5 倍、美国银行的 17～30 倍。尽管欧美正处于经济低谷，中西方银行业也不应当有如此天壤之别。

看完这两组数据或许我们就能明白李荣融说的"为何央企赚了钱被骂，不赚钱也被骂”了。石油行业的央企，占据优越的资源、政策、融资优势，身处较其他行业竞争水平低得多的环境之中，其利润率竟与身处激烈竞争环境的国际石油企业相去甚远，不得不令人质疑其利用资产的效率低下，机构臃肿。

而金融央企同样占据了天时地利，利用自身的优势地位，竭力攫取利润，不得不令人怀疑其与民争利，为提高利润无所不用其极。

前者不及，后者过头，引起了公众不同性质的强烈反感。用一句话来形容：谁也不会对本身没有实力但靠山强大的人做到心服口服。

因此，改革呼声从来没有间断过。

一方面，受到来自政府、社会、市场三种力量挤压的部分国企在喊着放权、改革，它们认为，束缚手脚对企业的长远发展非常有害。

1984年，《福建日报》头版头条的那篇《请给我们“松绑”——55位厂长、经理呼吁信》发出的那一声呐喊至今仍被人们津津乐道。与那时被计划经济严重束缚的状况相比，现在国企的手脚已经被放得更开。不过高层薪酬及企业薪酬总额、企业大规模投资审批、企业管理制度的完善等方面仍受政府较多管控，这使得本已庞大的国企灵活性更为降低。因此，在遇到管控之时，譬如当油价上涨导致炼厂亏损，几个巨头的声音就包含着对国家管控的抱怨。而在国企经理人的聘用、流转方面，国企对改革的需求就更迫切。国企高层的薪酬上限和国企工资总额受国资委严格控制，单凭薪酬很难将优秀的经理人招致麾下，这也导致了国企内部变相福利现象的蔓延。

另一方面，众多经济学家和行业内的企业家抱怨垄断政策严重阻碍行业发展，呼吁放开准入门槛，营造健康、积极的行业环境。相对于一些放开行业准入的呼声，有的甚至提倡将国有企业私有化。

工、农、中、建四大行公布的2011年业绩显示，它们日赚17亿。在国内许多行业的中小企业面临低潮的时期，银行业俨然是另一片天地。

“企业利润那么低，银行利润那么高，所以有时候我们自己都不好意思公布。”2011年的“环球企业家高峰论坛”上，民生银行行长如是说。20年前，民生银行的这几个股东及时呼吁和跟进，民生银行作为民营资本破例得了银行业的一张“船票”，这才有资格在垄断的圈子里搭顺风车，拿到“高到不好意思公布”的利润。

中国当今有政策性银行3家，商业银行425家（大型银行5家，股份制银行141家，农村商业银行214家，外资银行65家）。美国的银行业尽管遭受了次贷危机的沉重打击，但美国银行的现有数量却仍然超过8000家。银行巨头们经常说，中国银行业没有垄断，但行业门槛高高地摆在那里。

而众多中小企业融资难的问题由来已久，与此不无关系。竞争不充分的银行业畸形发展，对于各行业的健康成长将有深远影响，新兴产业企业、中小企业在融资中的劣势将很难扭转。

银行业也只是一个缩影。

我国市场经济准入政策在国有经济、民营经济和外资经济之间仍然存在很大差异。在全社会80多个行业中，允许国有资本进入的有72个，允许外资进入的有62个，而允许民营资本进入的只有41个。

因此，从市场、行业健康发展的角度，众多改革呼声涌现。只有降低行业准入门槛，引导更多非公有资本进入，与国有资本同台竞技，行业的发展才能趋向健康、充满活力。而一个行业环境的形成需要很长的制度建设期和维护期，推出有利于非公经济发展的一些政策，而后又打着行业整合的大旗将非公企业兼并，只能使非公经济望而生畏，不断从实体经济转向短期获利的行业，例如房地产行业。如此，行业环境会更加恶化。

而在宏观上，为了中国经济的健康发展，政府对国企所进行的改革也频繁见诸媒体，我国的国企改革步伐也从未停止过。如今，无论是中央国资委还是地方国资委，也都在积极探寻：如何使国企真正起到国民经济中坚的作用，如何使国企成为真正的企业，如何营造健康向上的行业环境，如何使中国经济更加健康平稳地持续发展。

从朱镕基“拆雷”，到李荣融“护犊”，国企改革没有停止过，但始终曲折不断，非议不断。随着经济危机的持续影响和国家大规模投资刺激政策的影响减弱，国企的利润开始持续下滑①。每一波的经济低迷都会伴随着经济体制的改革，因为这时的改革阻力会小很多，1998 年的亚洲金融危机就促进了国企改革。对于国企而言，利润下滑不是好事，但却创造了继续深化国企改革的契机。

然而，1998 年国企改革秉承的“退出竞争性行业”的理念在国资委成立之后似乎被慢慢淡忘，由“做大国企”取而代之，之前所做的退出努力几乎功亏一篑。国资委主导的国有企业重组，也多是国企内部的分分合合，民企难以从中分得一杯羹。

整个中国，从许多街道上开店的小老板到国家高层领导，都在目睹并呼吁着国企和中国经济体制的进一步改革。不论理由是什么，大家的共识是，现在的国企仍存在诸多不完善的地方，表现难以令人满意。

而国企改革也面临着重新定位，也就是一些专家所称的“第二次定位”。前

---

① 2012 年，国企利润已连续 5 个月同比下降。

30 年，中国经济发展的最大目标是“致富”，而到了这一阶段，经济发展的最大目标应当是“公平”、“合理”。中国 2012 年预期 GDP 增速的放缓正是政府意识到这一转变后所采取的措施。

然而，改革面临的问题还有很多。国企改革的方向是什么、如何改，如何使改革进行得持续有效、避免偏离改革方向，是摆在这一阶段中国经济面前的又一个大问题。

国企：存续以及如何存续

既然国企是国民经济的重要组成部分，也是中国作为社会主义国家的重要表征，应当存续，那么究竟以何种方式存续就是我们必须面对的问题。任何没有目的的改革都是在做无用功，在改革之前我们必须搞清楚国企改革要达到何种目的、使国企展现何种状态？

在对国企进行改革之前，我们必须清楚国企的作用到底是什么？如果连这个最基本的概念都没有理清楚，那么国企改革就是空谈。这也是国企改革要解决的第一个问题，国企为什么要存在？到底应不应该继续存在？如果这一命题的答案是否定的，也就不必再讨论国企改革的问题了。

我们从历史的角度来看待这个问题。

在我们的历史教科书上明确写着：国有经济是国民经济的命脉，是经济发展的主力军。那么国企的第一项任务便是保障国民经济的发展，保证国家对关系国民经济命脉的行业的控制力。

在新中国刚刚成立之时，这一特点尤为明显。计划经济时代，大至铁路、飞机，小至火柴油盐，均由国家统配，其目的便是为国家的生产设定目标。生产、流通的计划使得国家的物资分配流向需要这些物资的地方，然而，由于计划经济本身的缺陷及其他种种因素，真正实现这样的目的相当困难。此时的国有企业遍及各行业，对各领域保持了相当的控制力。对于历经八年抗战、三年解放战争的中国而言，也只有集国家之力配置资源才能保障经济的快速恢复。

而自从 1978 年小岗村“大胆”分田到户之后，农村率先开始了所有制的改革，实行包产到户，同时也使乡镇企业异军突起。10年后，乡镇企业的数量增长了10多倍[①]，同外资和私有企业一起进入中国经济的众多领域，分担了国有企业原有的部分职能，非公有制企业完全可以在部分行业满足中国社会公众的消费。而国有企业的改革同时进行，在政企分开的目标指引下，放权让利，利改税、拨改贷、企业承包制、股份制等改革不断深入。此时的国有企业真正同私企、外资一样面对市场，它们不再无所不包。2009年时，我国国有及国有控股企业的单位数量、总产值、资产总额、利润总额和从业人数占全部规模以上企业的比重已经分别下降为4.7%、26.7%、43.7%、26.9%和20.4%；私营经济的单位数量、总产值、资产总额、利润总额和从业人数占全部规模以上企业的比重已经分别提高到58.9%、29.6%、18.5%、28%和33.7%——除了资产总额和利润总额，其余指标已经大幅超过了国有企业，而且资产的回报率远高于国企。

此时，国企所扮演的角色已经开始改变，在经济体制转换的过程中，伴随着公有制企业和非公企业的此消彼长，国企首先应当做一些非公企业暂时做不了、很难做或者不适当做的事情。例如：关系国家安全的军工企业，投资巨大、投资回报期长的铁路、公路等基础设施，投资巨大、没有回报的环保工程等。其次，国企应当在非公企业尚未成长起来的领域发挥原有的作用，给非公企业成长的时间和空间，国企和民企应当在行业内平等竞争，应当给民企一个健康的成长环境。

当经历了上述的第二阶段之后，国企应当从民企可以胜任的行业中退出，或者与民企平等竞争，不应当获得任何的优势政策，否则无异于改革的倒退。此时

① 到1987年，乡镇企业数量从1978年的152万个发展到1750万个，增加10倍。

国企的重要作用应当是控制关系国家安全的相关行业和关系民生的基础设施建设、环境保护等行业。需要说明的是，这些行业并非是不营利的行业，恰恰相反，军工、环保、路桥、水利等行业的垄断属性也能为其带来丰厚的回报。但由于关乎国计民生或投资额巨大、周期很长等特征，就更需要保证安全、公平、合理的环境。国企更多以“公益者”的面貌出现，而非资源的抢夺者。

当然，国企发展的第三阶段并非意味着国企要完全退出竞争性的领域，而是在平等的条件下与民企竞争。如果国企能够凭借其管理、技术取得市场领先地位，引导行业进步，同样能发挥其积极的作用，同时还能为国家作出更大贡献。

我们国企改革的目的应当是：在关乎国计民生的领域，国企发挥应有作用，保障国家安全和基础设施建设的进行；在竞争领域，国企与民企同台竞技，消除国企和民企在政策、融资等方面的差异，让管理更科学、技术更先进的企业在市场中为消费者服务。既有利于消费者，亦有利于行业的不断进步。

届时，国企将相当一部分利润上缴给国家，使国家将之用于社会保障。利润的大幅上缴对于国企来说并不意味着就是坏事，就好似成本的上涨反而可以促使企业节约成本，加大力度提高运营效率，向更为集约的方向发展一样。而目前我国国企由于处于高速的扩张阶段，每年上缴红利的比例非常低，实际上，将如此大量的资金交由国企自己支配对其并不一定是好事。

曾经有人向国资委副主任邵宁问及国企的作用，他说：“国有企业的资产实际上属于国家，是属于全体人民的一笔储蓄，一旦以后国家需要钱，完全可以动用。这几年，国家处于高增长时期，财政增收还很大。但今后不可能永远这么高，而且中国还将面临进入老年社会的问题，到那个时候，需要钱的时候，我相信这笔资产可以发挥很大的作用。”

这段话也是对国企主要作用之一的诠释。实际上，尽管中国仍处于高速增长期，财政收入每年均有大幅增加，但这些钱并不能满足中国社会保障、基础设施建设等众多方面的需求，以后国家需要钱，其实现在的中国也很需要钱，国企的公益作用应当尽早凸显。现在的国企群落已经是巨无霸，如果再任其凭借资金、政策、资源优势肆意扩张，将来改革的难度无疑会增加，中国会形成更为畸形的经济结构。

本书前面几章已经列举过一些国家的国有企业状况，国有企业对于各国经济均发挥着重要的补充和保障作用，具有重要的意义。甚至连美国这样高度崇尚市场自由的国家也拥有数量不少的政府企业，只是美国国有企业多分布于私人无法做、做不好或无利可图的行业，如邮政、公共交通、自来水及环保等领域，而且影响很有限，生产总值仅占全国 GDP 的 5%。我们探讨国有企业的第一个问题应当是量：应当有多少国有企业，哪些领域应当有、哪些领域可以有？第二个问题是质：国有企业如何管理，是完全市场化还是政府介入？当然这不能一概而论。美国部分大型联邦国有企业的董事会甚至由总统、副总统、民意代表等组成，政府在企业中的影响举足轻重。如果完全撇开政府，让国有企业在市场中竞争，也就丢失了国有企业本身的属性。既然是国有企业，必然和国家有着千丝万缕的联系，只是一个“度”的问题。

美国的经济发展水平已经非常高，但仍拥有如此多的国有控股企业，由政府部分操控甚至直接参与管理，这些企业 200 多年来始终在发挥着其被设定的作用；新加坡政府关联企业占国内生产总值的比例亦高达 60%以上。因此，简单地提议将国有企业私有化可能解决了现阶段国企带来的众多问题，但是随之而来的可能是更多的不可控的问题。国企改革不是简单地卖掉、分掉就能解决的问题，而需要从长远的角度，从中国需要什么样的国企的角度来看待这个问题。

既然国企是国民经济的重要组成部分，也是中国作为社会主义国家的重要表征，应当存续，那么究竟以何种方式存续就是我们必须面对的问题。任何没有目的的改革都是在做无用功，在改革之前我们必须搞清楚国企改革要达到何种目的、使国企展现何种状态。

综合各国的经验来看，国有企业大部分分布于回报率低、回报周期长的社会保障类、公益类行业；同时在竞争性行业中，也可以适当允许国企与民企在相同的条件下利用市场规则竞争。有了这样的目的，我们才能真正思考国企改革的下一步究竟应当怎么走。

国企改革，谁说了算

中国国有企业分布很广泛，涉及领域很多，已经到了改革的攻坚阶段，公众对此有很多期待。在竞争性领域，国家应该放弃对国有企业的支持，让国资、民资公平竞技。

——北京师范大学公司治理与企业发展研究中心主任高明华

一个众所周知的事实是，国企改革所涉及的利益体众多，例如政府相关部门、国企高管及职工、利益相关者、行业内的其他企业等。如何进行国企改革，不同主体所给出的答案都会不同，我们目前所做的可能更多立足于政府、国企关联体，而忽视了行业内的企业以及大多数民众的普遍感受。说到底，国企改革的问题不仅仅是经济的问题，它触及到了社会各个层面。

国企改革应当权衡各个方面的利益进行，虽然很难做到不偏不倚，但也应做到起码的机会平等。如果过度重视民间力量，为追求速度将部分国企私有化，则很难避免俄罗斯国有企业私有化的老路和 21 世纪初 MBO 的众多弊端；而过度重视国企内部及外部关联体的利益，则会导致国企改革由于受到巨大阻力而无法继续进行，甚至出现倒退。权衡各方利益，这也正是我们在未来国企改革的道路上需要继续克服的最大困难。

李荣融一直在说，培育 30～50 家具有国际竞争力的大企业，是他一生的梦想，国企改革的信念在他心中从未动摇。可是到他卸任之时，国企距离这一目标仍相差甚远。这其中有受制于中国企业整体发展水平的原因，也有阻力巨大、制度欠缺的原因。

按照他的表述，国家的每一个行业均应当有一两家超大型的企业来集中行业的力量，即由10%的企业产出行业80%的利润，而中小型的民营企业则起到配套作用，这样才能拥有较高的效率。他还认为应当给中小企业由小变大的机会，使之与大企业竞争，并举出苹果、诺基亚的例子佐证。然而，时至今日，在国有企业进驻的各个行业，中小企业面对国有企业似乎无能为力，最关键的可能还是体制——市场准入机制、市场管理机制等，这些机制形成了民企面前的一只只“拦路虎”。

当然，根据我们的设想，国有企业的改革不是一刀切的，而是分行业、分步骤进行的。一步到位的改革方式目前为止还没有被任何一个国家找到。

首先，根据本书此前的表述，未来的国企中一部分将从事外资和私企很难掌控的一些行业，如军工、水利、路桥基建等。这些工程既关乎国家安全和国民生活，又需要巨大的投资和很长的投资回报期，应当由国有企业来管控。而目前我国这些行业的状况正是如此，但这并不意味着这些行业内的国有企业不需要改革，它们改革的方向是：高效、透明。不断暴露的贪腐丑闻、不合规程序、不达标工程已经将这些行业的国有企业逼到了必须改革的地步。而向高效、透明的方向进行改革，只能靠政府和相关主管部门不断推动，借由不断的透明化改革，促进企业的效率改革，从而起到监督作用。而论到底，这些行业的国企仍然是企业，它们每年的利润必须按比例悉数上缴。

第二类的企业便是仍然在行业内占据主导甚至垄断地位的企业，且尚未有充分实力的民企能对其地位构成威胁，如运输业、电信业、银行业等行业的企业。这类企业的改革方向应当是，放开垄断，与民企同台竞争。国企在资本上已经较民企有巨大优势，如果在其他条件相同的情况下，却在竞争中仍处于不利地位，那么这样的国企一定是存在问题的。该国企要么迅速进行调整改变，适应市场的发展，要么被淘汰出局。此类行业中的国企最大的作用是要保证在行业的成长过程中经济的稳定运行，同时给予民企成长的空间和时间。只有多种所有制企业相互竞争、学习，才能不断促进行业的健康发展和企业的不断进步。而我们之前的种种改革虽然名义上对国企进行了分拆、重组，但对行业准入却鲜有触及。这种分类组合型的改革虽有一定效果，但其意义并不大。而市场体制的改革、重组可能需要政府相关部门克服重重阻力——当然也包括来自国企内部的巨大阻力——来完成。

第三类企业便是那些处于准入机制已经放开，市场相对成熟的行业内企业，例如房地产、食品饮料、化工品等行业的企业。我们看到，在这类行业的部分细分行业中已经很难看到国企的身影，原有的国企要么破产，要么被兼并重组，退出了这些竞争激烈的行业；而在另一些行业内仍然有一些活跃的国有企业，比如我们列举过的一些外贸类央企，这些国企通过不断升级、创新，在竞争较为激烈的市场中占有一席之地甚至居于领导地位，被视为国企经营的模范和国企改革的标杆。可以看出，只有在激烈的市场竞争中才能使国企的能力得到提升，变得更为优秀。这种类型的国企需要市场来锻造，应当由市场中优胜劣汰的不二法则来决定这些国企的存续与消亡。

现阶段，社会对国企尤其是央企产生越来越多质疑根本原因就是，国有成分的企业逐渐壮大，乃至阻碍了其他经济成分的发展。这种情况主要集中在上述的二、三类企业中。由于国企改革的阻力巨大，虽然30年来国企与民企均取得了突飞猛进的发展，但国企改革的成效似乎并不理想，仍然有漫长的道路要走。

近几年尤其是2008年金融危机出现后，“国进民退”的批评之声充斥着各种媒体。不由得使我们将 1998 年国企改革之时设立的目标与这 10 多年的路径进行对比。彼时提出的“逐渐退出竞争性行业，重点发展关系国计民生行业内国企”的路线至今日已被颠覆。十几年前就提出的将国企推向市场的目标至今仍未实现，如今国企越来越逐利的发展趋势已经使社会颇为担忧。

其实，社会并非为国企赚取巨额利润担忧，而是担忧国企赚取的巨额利润被用于何处。2001～2008 年，国有及国有控股企业累计获得利润总额为 4.91748 万亿，2008 年账面利润总额比 2001 年增长了 2.79 倍，净利润比 2001 年增长 3.25 倍。业绩喜人，可如此多的利润增长为何没有为老百姓带来同比例的回报和生活的改善？

国企改革所触及的利益群体之庞大使得国企改革不断反复，然而中国经济持续、健康的增长要求国企必须做出改变。只有相关利益群体抱有同样的目的，才能将国企改革不断进行下去。

那些在竞争性行业中存活下来并表现优秀的国企是国企改革未来的一种方向，但不是终点，国企改革任重而道远。

未来的方向究竟是什么？人民是“国企”的主人这点，究竟如何落到实处？

这的确是一个无法预知答案的难题。

转眼间，十八届三中全会《决定》（《中共中央关于全面深化改革若干重大问题的决定》）发布已过半载，《决定》中提及的国企改革方向一时燃起了不少企业的希望，中石油、中石化、国家电网、中国移动等一个个“巨头”投身于改革大潮。“混合所有制”更是成为各大企业官网推送的首要关键字。尽管发展混合所有制已成为国企改革的共识，但“和谁混”、“怎么混”成为改革进行到现阶段的最大难题。

尾声

历史的碎片

(一)

2009年5月25日这一天，中国五矿总裁周中枢参加了集团公司企业规划发展部的一次党支部会议。在这次会议上，喜欢读书和思考的周中枢，向与会的员工推荐了一本书《新伦理学》。这本书是北京大学哲学系王海明教授编著的。周中枢要求大家要从此书中理解无私利他、为己利他和单纯利己之间的辩证关系，并在工作中既实现自身价值，又报效企业和国家。

寥寥几语，足见周中枢的“使命感”——作为大型央企的一把手，周中枢深感肩上担子的分量。

其实，周中枢的这种“使命感”又何尝不是中国五矿的“使命感”与成长历程的最好写照呢！2010年是中国五矿整整60年的发展节点。这60年的风雨路程，按照周中枢的话讲，正好分为两个阶段——计划经济30年，改革开放30年。计划经济大家知道，外贸体制是政府体制，中国五矿的任务就是按照国家指定的方针政策完成进出口任务，用两句话来说就是“凭政策进口，靠计划吃饭”。在这个阶段，中国五矿主要起到了我国五金矿产品进出口主渠道的作用，当时五矿一家的进出口贸易额最高曾占到全国的四分之一。改革开放之后，企业为适应外部环境变化开始转型，特别是进入“十一五”期间，通过重新定位和落实发展战略，企业实现了持续快速增长。

在周中枢看来，中国五矿之所以能够成功地转型并实现跨越式发展，一个很重要的原因就是，有种特别强烈的责任感和使命感。

中国五矿已经成为一家使命型组织：有自己的价值观、战略观与责任感，并通过坚定而执着的行动力去完成。著名领导力大师弗兰西斯·赫塞尔本（Frances Hesselbein）女士曾这样说过：“一个强有力的组织必须要靠使命驱动。崇高、明确、富有感召力的使命不仅为企业指明方向，而且使企业的每一位成员明确工作的真正意义，激发出内心深处的动机。”举世闻名的管理大师彼得·德鲁克（Peter Drucker），在其著作中也不止一次地这样表达：“使企业遭受挫折的唯一最重要的原因，恐怕就是人们很少充分地思考企业的使命是什么。”吉姆·柯林斯（Jim Collins）则在《基业长青》一书中总结企业永续经营法则时也提出，所有这些长寿的公司，都是具有强烈使命感的组织。这些组织大多拥有坚定的承诺，强烈的热忱，可怕的战斗力，紧密团结的团队和超强的韧性。

其实，无论是在2005年战略目标初定之际，还是在2008年到2009年的金融危机漩涡中，包括周中枢在内的领导班子，一直带领着中国五矿不断地实行着突破式发展。成功并购OZ矿业公司那一役，惊心动魄，锲而不舍的精神让人难忘——正如很多人所说的那样，中国五矿完成了一个个“看似不可能完成的任务”。

也正是一种使命的力量，催动着中国五矿不断地进行变革。“‘穷则变，变则通，通则久。’中国五矿一直处在不断地变化中，自我变革与突破发展始终是中国五矿的基因。”在周中枢看来，中国五矿有着坚不可摧的自我变革的主动性基因，“变”是一个恒定的法则。

但何为中国五矿使命型“内核”的主要表现形式？那就是发展能力、创新能力与责任能力。正如周中枢在2010年年中战略质询会上所表述的那样：“总结我们的经验，总结党中央国务院对中央企业的要求，做到可持续发展就是几点。第一，要发展快。光发展不行，发展慢了也不行，发展慢了就是落伍，世界一流企业不会等你。第二，要有活力和创新能力。人家都做到服务到家了，你还一买一卖；人家都做到整体供货，谁也替代不了，而你做的谁都能做，有什么活力？你要做就做好。不能做到前三名就要淘汰，你做的商品没有可持续发展能力就不要做。外贸企业不转型、不创新发展，就早不存在了。第三，要负责任。经济责任、社会责任和政治责任，时刻要想到你的责任要比别人多，没有尽到后两个责任就不是中央企业”。

“没有尽到后两个责任——社会责任与政治责任，就不是中央企业！”中国五矿的“使命的基因”与“使命的力量”，恰恰都定格在并浓缩于此。

如此看来，央企也不乏“使命型组织”。

（二）

2009年12月31日晚，北京农展馆，宁高宁与柳传志同台获得了CCTV“十年商业领袖”的荣誉。

两年多前，2007年7月的一天，宁高宁和柳传志也曾同台，针对“国企身份"的话题展开了一场微妙的讨论。柳传志几番向宁高宁"交流"和"请教"，还戏言说"可能得罪了宁总了"。柳传志的观点主要有两点：一是国企的体制确实很麻烦，往往阻碍了企业的发展；二是国企的领导人不容易，常常不是根据企业需要，而是根据领导的需要定战略，而且频繁换岗，常常是今天定了战略，明天就走了，最后耽误的是企业的大事。

对柳传志的话，宁高宁没有回应，几乎不语。其实，宁高宁一向认为在公开场合讨论国企问题简直是"浪费时间"，认为这样的问题"只适合在月球上谈"。这是他这样的企业家身上普遍存在的矛盾：一方面连自己也不清楚还能有多长的任期，另一方面又必须当好"放牛娃"，不仅要替国家把资产看好，而且还要使其增值。有着海归背景和信托责任感的宁高宁，一门心思地投入到了"放牛娃"的事业中去。

这个"放牛娃"既喜欢舞文，又喜欢弄墨。1979 年考大学时想当作家，第一志愿报的是中文系。山东大学当教授的舅舅知道后，跟他说靠写字不一定能吃上饭，于是宁高宁转学经济学。凭着所学专业和后来的美国留学背景，进了香港华润集团，踏进了商界。从当年的籍籍无名到后来的青云直上，爱读书码汉字的嗜好却始终没丢掉，20 多年来共写了 40 多万字的经济管理随笔。他自言特别喜欢冯友兰的《中国哲学史》，他也试图以一种特别的管理方式和人文思想来激活已经在皇城根下安营扎寨 50 多年的超大型国企——中粮集团。

与私人企业不同，这个国有企业的员工，并不是为了宁高宁个人打工。在这种状况下，如何凝聚、激励整个组织去实现共同目标，这是一门大学问，不是做一般的思想政治工作能够解决的。

他历数摆在自己和所有中粮人面前的困难，足有 108 个：一个复杂的、转型中的、业务形态多重的中粮，如何进行重新整合？一个多层组织管理形式并存的庞大组织如何瘦身？在一个以业绩为主导的经理人评价系统内，如何导入一种更健康的、科学的、全新的体系？……这108个问题被一一解剖、讨论。他努力使他领导的企业充满活力，而不再是僵化呆板、按部就班的官僚组织。

他一边马不停蹄地进行业务层面的整合——入主新疆屯河、重组中谷粮油、收购华润酒精和华润生化，一边通过倡导温暖愉悦、简单透明的“阳光文化”，在中粮内部掀起一轮又一轮“新思维、新管理”的战略管理重塑工作。

2005年10月，他在北京宣布了中粮集团未来5年的战略目标：以粮油食品贸易加工为主的、多业务的投资控股企业，主要集中在粮食贸易、加工，食品加工、销售，土畜产，地产，酒店及金融服务业；建立国内外贯通的粮食贸易、分销、物流、加工体系，建立品牌食品的研发、生产、物流、分销体系；利用香港资本市场，促进体系及治理结构改革，确立真正国际化的大粮食、大食品加工及贸易商的地位。

他在不同场合多次提出，中粮要实现“有限多元化”。

2008年，中粮业绩达到历史最高水平，资产和营业收入都超过上千亿元，旗下拥有多家上市公司。2009年，宁高宁一如既往地纵横捭阖：2月，中粮以非常低的价格将五谷道场纳入囊中，并且通过这种方式打进了方便面市场；5月，中粮推出了福临门牌大米；6月底，中粮宣布投资20亿元，对新疆果品进行全面的收购、加工和销售，并且加大了对悦活果汁的推广力度；7月，中粮“拿下”了蒙牛乳业，站在了中国乳品行业的最前端……中粮的5年战略目标，如期实现了。

在新世纪的第一个10年里，宁高宁与柳传志可谓殊途同归，他们都展现出了这个国家最稀缺、最宝贵的资源——企业家才能。作为国有企业的领导者，国家的“放牛娃”，宁高宁最重要的贡献不是个人英雄主义式的扩张兼并，而是把创新精神变成了整个组织的行为。

有人称宁高宁是“中国的约翰·摩根”，也有人称宁为“中国的伊恩·麦克米伦（Ian C. MacMillan）”。无论是中国摩根也好，中国麦克米伦也罢，他一直试图在忧患与危机中寻找着商业模式的突破。他是国有企业中职业化程度最高的经理人之一，是推动国有企业向市场化、现代化、国际化方向转变的代表性人物。

如此看来，央企的领导者也不乏企业家才能和德鲁克所说的“创新精神”。

（三）

那么，问题在哪里呢？社会应理性地看待国企发展问题。

比如，宁高宁的理由是，从给国家贡献的角度看，10 年前国企发展不好导致国有资产流失，而现在国企经过改造已经给国家创造了财富，在给国家交税，在带动国家 GDP 的增长。从所有制角度来说，国企大部分都上市了，好民企也都上市了，它们都属于“公众型公司”，应该被放到资本市场这个框架下来看其内部自身能不能做好。从企业界的角度来看，不管是民企还是国企，要看这个企业自身是不是提供了好产品，是不是有竞争力，是不是给社会做出创新性的引领。

目前国企在一些类似石油、航空等主要行业里的“强势”是有缘由的，“没有一个国家是乱来的”。因为“这样做是不是效率高，是不是成本低，提供了什么好的服务，社会怎么来评判它，这可能是重要的。如果反过来说，因为做得不好而来竞争，这种竞争是非常激烈的。所有人把这种竞争放到社会所有制中去争论，10 年也不会进步”。

无论是民企还是国企，其实都该将其做成一个民族企业。一个国家、一个民族，一定是要有企业来代表的，民族企业最终是属于国家的。现在国企也好民企也罢，“我都希望做好”。

宁高宁曾意味深长地对《第一财经日报》的资深记者马晓华女士表示，中国人目前对所谓企业身份的重视远远高过对企业自身质量的重视，没有人会讲中国的企业到底有没有竞争力，有没有新产品，有没有研发、组织架构、核心技术能力等优势。

其实，“现在国有企业一直在缩小其比例，应该比较理性地看待这个问题”。宁高宁如此表示。

然而，目前看来，作为企业，央企最为重要的目标仍然是创造利润、扩大规模，没有任何一家企业愿意承受亏损后经济、舆论、体制的重压。也正因如此，它们必须马不停蹄地扩张，而它们的竞争对手也必然受到打压。不得不承认，这是一对很难解的矛盾。

（四）

事情真的会如此简单吗？或者，如此复杂吗？争辩将会继续，而且愈发激烈和开放。不在争辩中“死去”，就在争辩中“活着”。一切都需我们耐心等待。

但争辩的背后，实际上是人们对公平与正义的渴望，因为人们常常把央企当作政府或利益集团的“代言人”与利益攫取的“温床”。

笔者曾与大学同窗好友、一位已经在学界小有名气的青年学者聊天，彼此都聊到了如今中国在世界格局中的下一步发展，谈到了“中国似乎也脱离不开类

‘双向运动’大思维下的发展”。

随着改革开放与市场经济发展到一定程度，中国似乎正酝酿着两种行动：一种是必须坚决打破垄断利益集团的垄断，尤其要解决那些垄断大国企的垄断问题，使其分化与重组，不至成为中国继续改革的羁绊；另一种则是在通过市场改革来提升效率的同时重视公平。因此，政府的有效干预与国家保护的行动就会出现，新《劳动合同法》就是一个明证。但问题是，公平与效率如何兼顾呢？这似乎是中国要面对的最最核心的问题。

实际上，“双向运动”是著名社会学家卡尔·波拉尼（Karl Polanyi）提出的。在其名著《大转型》中，波拉尼指出，在19世纪资本主义经济大行其道之前，经济活动是社会关系的一部分，被社会关系所支配和决定。但在资本主义社会，经济活动在社会关系中居于决定性地位，市场将劳动力、土地、自然等一切都商品化了，金钱成为万能，劳动者和自然环境失去了社会的保护。放任市场经济必然引发反向运动，社会的力量阻止自由市场对人及其社会关系造成进一步的损害。

于是，在纯粹的市场经济里，双向运动同时存在：一种是经济自由主义的运动，市场扩展到全球的所有角落，市场中商品的数量以令人难以想象的速度增长；另一种是反向的社会自我保护运动，社会自我保护以免遭自我调节的市场机制的侵害。前一种运动的主角是资产阶级，后一种运动的主角是劳工阶级。波拉尼认为，“双向运动”的出现，使政府对市场经济的干预成为必要。政府干预主要表现在为社会提供福利，通过其主导的再分配缓解社会矛盾，提供劳工参政的机会。

对于处在全球金融危机之中的美国等西方国家而言，政府又重新走到台前进行积极干预，这似乎正反映了双向运动的思维。而一些企业被重新收归国有，比如英国伦敦皇家银行等，也似乎在说明政府意志和市场精神的博弈与平衡。这种情况到底会产生一种怎样的结果，目前还不能下结论。

尽管我们不能照搬双向运动的理论来审视中国的情况，但笔者认为，至少可以说，中国正在进行某种类“双向运动”吧：一个是强调效率，另一个则是保证公平。然而，效率与公平究竟能否相得益彰而不是彼此相悖？

毫无疑问，中国下一个30年的所有机遇与挑战也皆来自于此。而其中，国企问题是一个自始至终都绕不开的核心挑战之一。何去何从，只能拭目以待。

【附加阅读一】

国资委大事记

2003年	国资委成立，首任主任为李荣融 国资转让审批权划归国资委 国有产权进场交易 国资监管暂行条例实施 规范关联交易和对外担保 国企清产核资办法公布 央企清产核资启动 考核央企高管业绩 国企改制立规
2004 年	大型国企不准搞 MBO 国资流失得到有效扭转 国资委以出资人身份派董事管理国企 央企高管业绩考核启动 掌控国资国企家底 国有资产转让建章
2005 年	上市公司期权激励试点 规范央企行使控股股东权利 央企 260 亿元委托理财全面清理
2006 年	央企红利征收分不同标准 央企股权转让优先非公企业 支持把部分国企收益转到社保基金 分类分步实施国有上市公司股改
2007 年	加快推进央企产权多元化 央企整体上市根据市场容量逐步推出 鼓励国有企业到香港上市 加强监控国企资金退出股市 国有控股上市公司股改基本完成
2008 年	鼓励央企跨区域联合重组 国有产权流转效率增强 加快国有大型企业公司股份制改革 确保央企所持上市公司股份有序流转

（续表）

2009年	推动国企集团核心业务上市或整体上市 继续推进国有资产经营公司试点 加强对国企领导薪酬和职务消费监督，国企高管薪酬要同业绩挂钩
2010年	国资委对中央企业"小金库"治理工作进行动员部署 央企调整至100家以内 下半年组建国新资产管理公司 敦促央企坚决退出非主业 王勇任国资委主任、党委书记
2011年	"做强做优，世界一流" 出台央企境外产权管理办法 加强上市公司国有股东内幕信息管理 公布地方国有资产监管工作指导监督办法 要求中央企业加强风险管控
2012年	筹划完善国资监管法规体系 明确央企副职考核范围和办法 要求央企深化"小金库"治理
2013年	蒋洁敏任国资委主任、党委副书记 半年后，张毅接替，蒋洁敏被"双规"

【附加阅读二】

进入世界500强央企数量增长表

年份	2003	2004	2005	2006	2007	2008	2009	2010	2011	2012	2013
数量	6	8	10	13	16	19	24	30	38	42	45

【附加阅读三】

央企重组年表

年份	数量	较大整合
2004	由196减少至178	中煤建设并入中国煤炭工业进出口集团公司 中国药材集团公司并入中国医药集团总公司 中国华轻实业公司并入中国工艺美术(集团)公司 中国海外工程总公司并入中国铁路工程总公司 中国进口汽车贸易中心并入中国机械装备集团公司 中国土畜产进出口总公司并入中国粮油食品集团公司 中国蓝星集团与中国昊华化工重组为中国化工集团 邯邢冶金矿山管理局并入中国五矿集团公司等
2005	169	中国外轮理货总公司并入中国远洋运输(集团)总公司 天津水泥工业设计研究院并入中国材料工业科工集团公司 中国纺织物资(集团)总公司并入中国恒天集团公司 中国寰球工程公司并入中国石油天然气集团公司 中国有色工程设计研究总院并入中国冶金建设集团公司 华侨城集团公司与华联发展集团有限公司进行重组 中国长城计算机公司并入中国电子信息产业集团公司,重组后前者撤销 中国港湾建设(集团)总公司与中国路桥(集团)总公司新设合并组建中国交通建设集团公司,前两者撤销 中国医疗卫生器材进出口公司并入中国生物技术集团公司成为其全资子公司
2006	159	长江口航道建设有限公司调整为交通部长江口航道管理局 中讯邮电咨询设计院并入中国联通,成为后者全资子公司 中国寰岛集团公司并入中国诚通控股集团公司 中国化工建设总公司并入中国海洋石油总公司 中国投资担保有限公司并入国家开发投资公司 将国资委持有的中国华源集团有限公司9.136%的股权无偿划拨给中国华润总公司 中国工艺品进出口总公司和中国工艺美术(集团)公司新设合并,成立中国工艺(集团)公司

（续表）

年份	数量	较大整合
2007	151	沈阳化工研究院并入中国中化集团公司 中国化工供销(集团)总公司并入中国海洋石油总公司 中国种子集团公司并入中国中化集团公司 中国中旅集团并入中国港中旅集团公司(香港中旅集团有限公司) 中国纺织工业设计院并入中石油总公司 中国福马机械集团并入中国机械工业集团 中国汽车工业总公司撤销 中国海洋航空集团并入中国机械工业集团 三九集团并入华润集团 国家核电技术有限公司举行了成立大会
2008	142	中国商用飞机有限责任公司纳入国资委的管理,成为央企 中国唱片总公司并入中国诚通控股集团公司 中国联通与中国网通合并,合并后为中国联通 中国铁通集团有限公司并入中国移动通信集团公司 中国国际企业合作公司并入中国诚通控股集团公司 中煤国际工程设计研究总院与煤炭科学研究院新设合并成立中国煤炭科工集团有限公司 中国水利投资集团公司并入中国长江三峡工程开发总公司 中国轻工业品进出口总公司并入中国通用技术集团,成为其全资子公司 中国航空工业第一集团公司和中国航空工业第二集团公司组建中国航空工业集团公司 中国对外贸易运输(集团)总公司与中国长江航运(集团)总公司重组成立中国外运长航集团有限公司 中国海诚国际工程投资总院、中国轻工业对外经济技术合作公司并入中国轻工集团公司
2009	129	中国电子工程设计院、中国成套设备进出口(集团)总公司并入国家开发投资公司 中国卫星通讯集团公司并入中国航天科技集团公司 中国纺织科学研究院并入中国通用技术集团,成为其全资子企业 中国农业机械化科学研究院并入中国机械工业集团有限公司,成为其全资子公司 中国医药集团总公司与中国生物技术集团公司实行联合重组 中国建筑材料集团公司名称变更为中国建筑材料集团有限公司 中国长江三峡工程开发总公司名称变更为中国长江三峡集团公司 长沙矿冶研究院和鲁中冶金矿业集团公司并入中国五矿集团公司,成为其全资子公司

（续表）

年份	数量	较大整合
2009	129	中国新兴(集团)总公司并入中国通用技术集团,成为其全资子公司 中国农垦(集团)总公司并入中国农业发展集团总公司,成为其全资子公司 中国邮电器材集团公司并入中国通用技术集团,成为其全资子公司 中国远东国际贸易总公司并入中国电子科技集团公司,成为其全资子公司
2010	122	中国包装总公司并入中国诚通控股集团有限公司,成为其全资子公司 中国新时代控股(集团)公司与中国节能投资公司合并重组子公司 上海医药工业研究院整体并入中国医药集团总公司,成为其全资子公司 鞍山钢铁集团公司与攀钢集团有限公司实行联合重组,重组后新设立鞍山钢铁集团子公司 中国房地产开发集团公司整体并入中国交通建设集团有限公司,成为其全资子公司 上海船舶运输科学研究所整体并入中国海运(集团)总公司,成为其全资子企业 中国高新投资集团公司整体并入国家开发投资公司,成为其全资子企业 中国出国人员服务总公司并入中国医药集团 中国国新控股有限责任公司成立 中国华星集团被划入中国国新公司管理 中国南方机车车辆工业集团公司更名为中国南车集团公司 中国建筑材料集团公司名称变更为中国建筑材料集团有限公司
2011	117	组建中国电力建设集团有限公司、中国能源建设集团有限公司 中国水利水电建设集团公司、中国水电工程顾问集团公司成为中国电力建设集团有限公司的全资子公司 中国葛洲坝集团公司、中国电力工程顾问集团公司成为中国能源建设集团有限公司的全资子公司 中国乐凯胶片集团公司整体并入中国航天科技集团公司 中国华星集团公司划入中国国新控股有限责任公司管理,成为其全资子公司 中商企业集团公司整体并入中国诚通控股集团有限公司,成为其全资子公司 新兴铸管集团有限公司更名为新兴际华集团有限公司 中国节能投资公司更名为中国节能环保集团公司
2012	117	无
2013	116	彩虹集团公司整体并入中国电子信息产业集团有限公司,成为其全资子企业

图书在版编目(CIP)数据

大国企:共和国“长子们”的风雨六十年 / 韦三水著. -- 北京:中国友谊出版公司, 2014.9

ISBN 978-7-5057-3420-3

Ⅰ. ①大… Ⅱ. ①韦… Ⅲ. ①国有企业 - 企业改革 - 研究 - 中国 Ⅳ. ①F279.241

中国版本图书馆 CIP 数据核字(2014)第 190958 号

书名 大国企:共和国“长子们”的风雨六十年

作者 韦三水

出版 中国友谊出版公司

策划 杭州蓝狮子文化创意有限公司

发行 杭州飞阅图书有限公司

经销 新华书店

印刷 杭州钱江彩色印务有限公司

规格 787×1092 毫米 16 开
15.25 印张 190 千字

版次 2014 年 9 月第 1 版

印次 2014 年 9 月第 1 次印刷

书号 ISBN 978-7-5057-3420-3

定价 45.00 元

地址 北京市朝阳区西坝河南里 17 号楼

邮编 100028

电话 (010)64668676